中国法制的早期实践：
1927—1937

沈玮玮　叶开强　等著

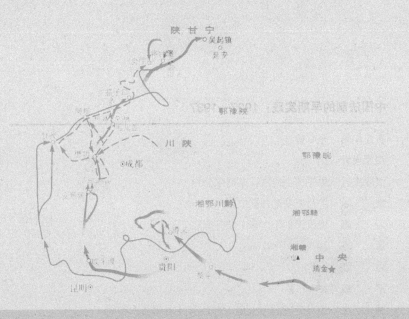

中国出版集团

世界图书出版公司

广州·上海·西安·北京

图书在版编目（CIP）数据

　中国法制的早期实践：1927~1937 / 沈玮玮等著 .
-- 广州 : 世界图书出版广东有限公司 , 2025.1 重印
　ISBN 978-7-5192-0785-4

　Ⅰ . ①中… Ⅱ . ①沈… Ⅲ . ①法制史—中国— 1927~1937
Ⅳ . ① D929.6

　中国版本图书馆 CIP 数据核字（2016）第 039468 号

中国法制的早期实践：1927—1937

责任编辑	张梦婕
封面设计	汤　丽
出版发行	世界图书出版广东有限公司
地　　址	广州市新港西路大江冲 25 号
印　　刷	悦读天下（山东）印务有限公司
规　　格	787mm×1092mm　1/32
印　　张	7.375
字　　数	155 千字
版　　次	2016 年 5 月第 1 版　2025 年 1 月第 2 次印刷

ISBN 978-7-5192-0785-4/D・0133

定　　价　58.00 元

目　录
CONTENTS

第一章　早期法制实践的研究思路 ■ ■ ■ ■

一、革命法制研究的现状与方向

他们虽然相信革命高潮不可避免地要到来，却不相信革命高潮有迅速到来的可能。因此他们不赞成争取江西的计划，而只赞成在福建、广东、江西之间的三个边界区域的流动游击，同时也没有在游击区域建立红色政权的深刻的观念，因此也就没有用这种红色政权的巩固和扩大去促进全国革命高潮的深刻的观念。他们似乎认为在距离革命高潮尚远的时期做这种建立政权的艰苦工作为徒劳，而希望用比较轻便的流动游击方式去扩大政治影响。

——毛泽东《星星之火可以燎原》

对于国内和国际的政治、军事、经济、文化的任何一方面，我们所收集的材料还是零碎的，我们的研究工作还是没有系统的。二十年来，一般地说，我们并没有对于上述各方面作过系统的周密的收集材料加以研究的工作，缺乏调查研究客观实际状况的浓厚空气。

——毛泽东《改造我们的学习》

中共革命法律史是中国法律史研究的重要部分。因此，当前学界投入了较大的精力加以研究，研究成果颇为可观。据不完全统计，国内研究论文的主题中包含"革命"、"根据地"、"法制"的论文便有 294 篇之多。[①] 以近十年以来关于中共革命法制史研究的基本状况以及新近动向作为探讨中央苏区革命法制研究的背景知识，对于深入研究中央苏区法制具有重要的参考意义。

（一）更注重实践性指向

20 世纪 80 年代以来，革命法律史的研究成果丰硕，也形成了一些研究的热点领域。然而，由于过于偏向对历史的阐述，相对地忽略了法律史作为法学学科的实践性要求，因此也受到不少诟病。近年来，革命法律史的研究者尤为注重研究的实践性，注意赋予研究以时代意义，因此也使相关的研究更受到法学理论界，乃至实务界的关注。有学者以陕甘宁法制建设为例，阐释了这种意义，提出应给予革命根据地法律传统以必要的尊重和认真解读，建立革命法律传统与西方法律传统的对话机制。同时继续强化中国特殊性问题意识，合理借鉴革命根据地，特别是陕甘宁革命根据地的法制建设经验，从而为社会安定奠定坚实的法制环境。[②]

---

① 统计数据来自中国知网：www.cnki.net，访问日期：2015 年 10 月 10 日，分类项为"法理，法史"，主题词为革命或根据地或法制。

② 于沛霖、陈敬根、王佳斌：《陕甘宁根据地法制建设及其当代意蕴》，载《中国延安干部学院学报》2010 年第 1 期。

与当前法制实践相结合的研究包括以下几大主题。

调解与审判。联系群众，注重调解，将调解与审判相结合的马锡五审判方式，是陕甘宁革命根据地法制研究中的一个热点，长期以来受到学界的关注。近年来，随着社会矛盾的复杂化，社会管理方式的创新，通过调解达到化解纠纷的马锡五审判方式又受到重视，而相关的研究也开始从当代社会现实的角度出发来重新发掘、展现马锡五审判方式的时代价值。有学者从司法便民的理念出发研究马锡五审判方式，认为马锡五以其特有的亲民形象和人格魅力回应了司法便民理念的要求，在司法实践中进行就地审判，运用调解，贯彻群众路线，促使以他名字命名的审判方式得以成型和推广。在法律日益健全和多种司法理念并存的今天，马锡五审判方式不再是普适性的审判方式，但在"司法为民"理念下其仍是多元化纠纷解决方式中不可或缺的一元。① 也有学者从能动司法的视角研究马锡五审判方式，认为马锡五审判方式曾长期淡出，又在能动司法背景下作为一种重要的审判方式在近年迅速走红，成为司法界回应社会不满司法现状的一种重要措施。马锡五审判方式的回归不应是制度性的选择，而只是司法界回应社会的一种态度，其核心是强调司法为民的理念，回归必须有助于维护司法权威，实现社会公平正义。② 有学者从权力的组织网

---

① 李喜莲：《马锡五审判方式再研究——以司法便民理念的践行为分析路径》，载《湘潭大学学报》（哲学社会科学版）2011年第5期。

② 任尔昕、宋鹏：《能动司法视角下马锡五审判方式的再审视》，载《甘肃政法学院学报》2011年第3期。

络理论探讨了马锡五审判方式，认为其体现着根据地时期法律的治理化，而这一传统直到今天仍然影响着司法实践。[1]有学者则将这种调解的方式作为民事诉讼制度的重要部分进行研究，认为从历史的情境看，未必不是一种理性的制度，而且可称为法律的治理化传统。总结与回顾这种传统，对于21世纪市场经济条件下的依法治国同样是有益的。[2]调解实际上是司法融入情理的方式，也有利于实现司法为民，但是，今天我们学习借鉴马锡五审判方式，需要更多地从其实质意义上来学习，来借鉴，在引入价值、伦理判断时，亦需要严格遵循法定的程序，使得价值判断能够体制化地存在于司法裁判当中，为更好地实现人民群众所需要的司法公正注入历史的、经验的智慧。[3]从更长远的视野看，陕甘宁边区施行的人民调解制度，不仅完成了对边区社会的初步改造，更为中国传统法律文化与西方现代法律制度的衔接提供了有益的

---

① 强世功：《权力的组织网络与法律的治理化——马锡五审判方式与中国法律新传统》，载《北大法律评论》2000年第2期。值得注意的是，该文发表后被引96次，高于孙光妍等人发表的有关苏联法对中国法制影响的论文（孙光妍、于逸生：《苏联法影响中国法制发展进程之回顾》，载《法学研究》2003年第1期，该文被引63次，是中国革命法律史研究最受关注的论文之一）。

② 吴泽勇：《新民主主义革命根据地的民事诉讼制度》，载《烟台大学学报》2002年第4期。在题目包含"革命根据地"的法律史论文中，该文引用率居第一，被引22次。其次是侯欣一有关革命根据地法制史研究方法的论文（《试论革命根据地法律制度研究》，载《法学家》2008年第3期），被引21次，以上引用次数根据中国知网统计，查询时间为2015年10月10日。

③ 韩伟：《马锡五审判方式仍具现实价值》，载《检察日报》2014年1月8日；韩伟：《司法为民法律传统的当代意义》，载《检察日报》2013年7月2日。

思路。[①]在司法实践中，河南省法院自2008年起的一系列改革，实际上正是马锡五审判方式在当代的继承和发展，改革取得了积极的成效，这种经验也得到很好的总结和发扬。[②]此外，有关刑事调解、和解的理论与实践也是近来的一个热点，在此方面的历史经验借鉴也得到学者的关注，基于"半干涉主义"理念的要求，陕甘宁边区将刑事调解严格限制和控制在"非严重侵害个人利益犯罪"的范围内。刑事调解采用了群众、群众团体、政府、法院相结合的恢复性司法模式，该模式充分体现了陕甘宁边区司法的群众化乃至社会化特色。[③]

婚姻立法。婚姻法是革命法制中的另一个主题，婚姻法的革命传统之影响也延续至今。有学者研究了革命时期婚姻法令中的策略和身体，认为革命时期的婚姻法，实际上是为了实现革命对社会的治理，或者改造，这些隐身于力量体系、法制体系背后的观念和动机，才是考察婚姻法更应注意的方面。革命时期婚姻法对性道德的重塑，其影响至今犹存。[④]有学者以结婚自由和离婚自由为例，探讨了革命根据地婚姻自由的法律表达，指出了法律在社会革命中的工具意义，其重要的作用是保证社会秩序向革命

---

① 侯欣一：《陕甘宁边区人民调解制度研究》，载《中国法学》2007年第4期。

② 张立勇：《马锡五审判方式在当代的继承和发扬》，载《人民司法》2009年第7期。

③ 潘怀平：《陕甘宁边区时期刑事调解制度研究》，载《中共中央党校学报》2011年第6期。

④ 朱晓东：《通过婚姻的治理》，载《北大法律评论》第4卷第2辑，北京大学出版社2001年版。

者期望的路向发展。因此，革命时期婚姻制度的变革既是对封建制度的消减，也是现实革命动员的客观需要。① 在陕甘宁边区，离婚法令尽管体现了婚姻自由、男女平等，但由于落后的社会现实而在实施中遭遇了困境。边区政府在立法、司法、宣传等方面采取了多种补救措施。在离婚问题上，边区还面临着革命需求与个人权利之间的价值冲突。考察边区的离婚法令及其实践，可为今日的法制建设提供借鉴。②

　　人权保护。人权是法治的应有之义，也是一个常说常新的话题，而革命法的不少研究也为中国人权的法律保障提供了历史渊源。有研究指出，中国共产党从成立之日起，就高举争民主、争人权的旗帜，在领导中国人民进行革命的同时，在解放区建立了民主政府，制定了保障人民民主权利的法律，坚决实行了自己的民主纲领。③ 研究还发现，从中央苏区，到陕甘宁边区，再到新的解放区，中国共产党一直重视保障人民的基本权利，革命时期的人权立法与实践，为新中国提供了宝贵的经验。④ 还有研究指出，根据地时期，不仅初步建立了人权保障的法制，而且十分重视法律的实施，在保护人权方面做了大量工作，取得显著成效。⑤

---

　　① 周祖成、池通：《1927—1945：革命根据地婚姻自由的法律表达》，载《现代法学》2011 年第 4 期。

　　② 胡永恒：《陕甘宁边区的离婚法实践》，载《史学集刊》2011 年第 1 期。

　　③ 肖周录：《我国革命根据地人权立法问题研究的几点建议》，载《中国人民大学学报》1998 年第 6 期。

　　④ 谷春德：《革命根据地的人权立法与实践》，载《人权》2002 年第 3 期。

　　⑤ 王立民：《试论抗日根据地的人权法》，载《政治与法律》1994 年第 3 期。

廉政法制。廉政法制建设近年来也受到较大的关注，在此方面，革命根据地的经验有不少可资借鉴。有研究指出，廉政建设是根据地工作的主题之一，根据地制定不少法律措施确保廉政，对公务人员贪污、浪费行为给予法律制裁，廉洁奉公成为干部考核的法律标准，并建立人民监察制度保障政务廉洁，这些因时制宜、因地制宜的切实规定，对于今日反腐仍有积极意义。① 新近的近代史研究则指出，需要区别解放区基层贪污腐败的表达与实践，由于中共权力集中、政令畅通、动员能力强大，当其发动大规模运动之时，各级干部必须遵守党的决策，各种报纸也必须凸显党的决策，村干部贪污罪行才会一时之间显得罄竹难书。但村干部在看似表现最为突出的"胜利果实"和村款等方面的贪污问题，往往与中共既有的基层制度有直接关联，并不如整党运动中所宣扬的那么恶劣。② 这也在提醒我们，对于某一时期的腐败问题需要做细致的考察，理清政治、法律与社会历史的关系，而运动式反腐的动因与成效也需要反思。

新闻立法。有关新闻出版的法制，也是近年来立法研究中的一个热点问题，革命法律则为此提供了颇有价值的历史经验。自井冈山革命根据地创建，到陕甘宁边区，再到新中国成立，各根

① 胡仁智：《革命根据地廉政法制建设及其现代意义》，载《现代法学》2000年第3期。

② 徐进、杨雄威：《政治风向与基层制度：老区村干部贪污问题》，载《近代史研究》2012年第2期。近代史研究也提醒，社会现象的出现一方面是政治、社情、历史多因素综合的结果，另一方面需要避免"制度崇拜"，很多社会弊病并非单靠制度即可解决。

据地在中国共产党的领导下，不断加强新闻法制建设。新闻出版要贯彻党的政策方针，新闻自由依法受到保障，被明确地写入法律法规，甚至是宪法性文件当中。[1] 这些都为新闻出版的法制化积累了宝贵经验。

此外，还有学者试图从更宏观的角度，勾勒几个根据地或解放区在革命法谱系中的地位，新近的研究发现，并非陕甘宁的司法制度构成了新中国司法传统的基础，不应忽视的是，华北解放区的司法制度及实践，更直接地塑造和影响了新中国的司法特色。[2]

（二）更注重思想史研究

近年来革命法律史研究的另一个新动向是更多的思想史研究。毋庸讳言，制度与思想密不可分，一定的制度形成，必然隐含着一些思想、观念。因此，要更好地认识制度，就需要对其背后的思想作深入的解读，法律制度当然也不例外。在此方面，董必武法律思想是近年来研究的一个热点。藉董必武法学思想研究会之力，积聚了一批董必武法学思想研究者，也产出了不少成果。这些研究可以初步概括如下：

第一，对董必武法治思想的研究。董必武是新中国法治建设的先驱，第一次提出了"按法律办事"。[3] 董必武法治思想经历

---

[1] 穆中杰：《革命根据地时期的新闻法制及其当代意蕴》，载《新闻爱好者》2012年第16期。

[2] 刘忠：《从华北走向全国——当代司法制度传承的重新书写》，载《北大法律评论》第11卷第1辑，北京大学出版社2010年版。

[3] 杨瑞广：《董必武首倡按法律办事》，载《当代中国史研究》2006年第2期。

了萌芽、初步形成到进一步发展的过程，许多内容经得起时间考验和实践验证。但是，由于历史背景、文化传统和社会现实等因素的影响，他的法治思想带有明显的法律工具主义色彩，没有完全摆脱人治的影响。这为其后继者留下了艰巨的法制建设任务和革故鼎新的空间。①

第二，对董必武司法思想的研究。有研究指出，董必武论述了司法的政治性、司法的人民性、司法的公正性和司法的程序性等问题，其司法思想的科学内涵与理论品格，确证了思想的革命性意义和现时代价值，董必武的司法思想是对马克思主义法律与司法观的创造性运用和发展，构成了当代中国社会主义司法制度的重要理论渊源。②董必武还重视司法权威，认为维护法律与司法权威是加强国家法制建设的客观要求。要维护司法权威，就必须树立司法的社会公信力，缺乏公信力的司法，必然导致司法权威的丧失。要维护司法权威，必须切实加强审判监督和社会监督，建立健全必要的内部与外部监督机制。要维护司法权威，就必须正确处理有错必纠与维护法院生效裁判的关系，要高度重视涉法信访工作，又要维护司法审判活动的严肃性。要维护司法权威，必须坚持党对司法工作的领导，保证司法机关依法独立地行使司法权。③人民司法也是董必武司法思想的核心内容，在司法建设中能最大限度地发动人民参与司法，并且将司法建设与当时国家

---

① 秦前红、叶海波：《董必武法治思想初探》，载《武汉大学学报》2002年第4期。
② 公丕祥：《董必武司法思想述要》，载《法制与社会发展》2006年第1期。
③ 公丕祥：《董必武的司法权威观》，载《法律科学》2006年第1期。

政权建设紧密结合。人民司法建设蓝图便是在人民与国家的叙事中展开的。人民司法强调司法工作必须坚持群众路线的政治理念，坚持了司法政治性与人民性的结合。① 在董必武的诉讼法学思想中，政法工作必须为经济建设服务，重视构建诉讼程序，依法办案是加强人民民主法制的中心环节，公开审判是审判活动的重心，重视司法人员的数量与质量。这些诉讼法学思想虽然是在 20 世纪 50 年代以马列主义基本原理为指导结合当时的政法工作实际总结出来的，但在依法治国、建设社会主义法治国家的今天，仍然具有重要的指导作用。② 有学者认为，在董必武的司法思想中，人民法院处理社会矛盾要具体问题具体分析，依照诉讼制度审理案件，才能发挥好法院在解决各类社会矛盾中的作用。人民法院调解在解决人民内部矛盾中具有重要作用，做好人民来信、来访，能使人民法院及时了解并解决某些人民内部矛盾。③ 有学者研究了董必武的法学教育思想，认为其法学教育思想主要表现为：法学教育的核心在于对人的教育，法学教育的基础在于搞好学校等硬件建设，法学教育的提高在于法学科研的进步。董老的法学教育思想对当前的法学教育改革主要有三点启示：培养复合型法律人才是当前法学教育改革的目标，对法学教师的改革是当前法学教育改

---

① 赵晓耕、沈玮玮：《人民如何司法：董必武人民司法观在新中国初期的实践》，载《甘肃社会科学》2012 年第 2 期。

② 周国均：《董必武的诉讼法学思想》，载《政法论坛》2001 年第 3 期。

③ 张小军：《董必武论社会矛盾与人民法院司法》，载《毛泽东思想研究》2011 年第 1 期。

革的保证,加强国际之间的法学交流是当前法学教育改革的途径。[①]

革命时期的一些与法制实践密切相关的重要人物的思想,也受到关注,曾任陕甘宁边区高等法院院长的雷经天就是其一。有学者专门研究了雷经天的新民主主义司法思想,认为其司法思想的主要来源是苏维埃司法的政法传统、边区司法正规化改革思想及马克思主义理论的中国化潮流。围绕新民主主义司法观,雷经天提出了在司法组织上贯彻民主集中制,在法官队伍建设中加强工农干部与知识分子干部的融合,在六法全书援用中将政治立场与司法实践适度分离,在司法程序中坚持司法民主、发扬司法便利等系列观点。其思想贯穿着革命性和实践性思维的特点,是时代背景与个人经验综合作用的产物。[②]此外,谢觉哉的司法理念[③],毛泽东、刘少奇、邓小平等革命领袖的法律思想[④]也得到较多的关注。

除了个别人物的思想,新近的一些研究还开拓更为宽泛的领域,对革命时期法律、司法思想之总体进行重述。这一方面尤以对"早期左翼法学思想"的研究令人瞩目,张宏卿的研究指出,按照早期左翼法学的逻辑,基于法学职业的内生性,可通过一种

[①] 莫宏宪、王明星:《董必武法学教育思想与法学教育改革》,载《武汉大学学报》2004年第6期。

[②] 刘全娥:《雷经天新民主主义司法思想论》,载《法学研究》2011年第3期。

[③] 侯欣一:《谢觉哉司法思想新论》,载《北方法学》2009年第1期。

[④] 例如谷春德:《中国共产党与中国人民人权》,载《法学家》2001年第4期;张小军:《毛泽东＜致雷经天＞中的法律思想及其当代价值》,载《湖北社会科学》2010年第7期。

人们熟悉的理论路径，即语言及思想的确定性基于历史约定而成，特别是"大多数人"的历史约定，与"弹性"的法条主义相互融贯，形成更易为人接受，且对法律职业及整体社会法律事业更有益的新型法条主义。① 这种并不完全排斥政治、社会因素的却具有弹性的"法条主义"，仍然具有强烈的现实意义。还有学者研究了延安的新法学会及其观念与思想，认为其成立是中国问题特殊化的产物，是基于对法律移植的反思，它促进了现代法学理论的中国化，进而指向中国问题的解决。②

（三）更注重新史料挖掘

革命法律史主要作为一种历史的研究，史料的挖掘与利用至关重要，在此方面，学者们也着力不少。除了早期被经常使用的，诸如陕甘宁高等法院档案等史料，新近也有一些新的史料被重新发现与利用，令人瞩目的有哈尔滨解放区的司法档案③，以及新出版的晋察冀根据地的一批诉讼档案。④

这种新史料的挖掘其实不仅是指新发现档案文献等史料，也包含了对已有史料的重新分析与解读。例如陕甘宁边区的司法档案，看似旧材料，但近年来随着研究视角、方法的转换，有关的新作不断。有学者从审干、整风的视角，重新分析解读了陕甘宁

---

① 刘星：《中国早期左翼法学思想的遗产：新法条主义如何可能》，载《中外法学》2011年第3期。

② 侯欣一：《法学的中国学派：原因、方法及后果》，载《政法论坛》2006年第6期。

③ 哈尔滨解放区的档案材料已经被整理并利用，相关成果如孙光妍、孔令秋：《哈尔滨解放区对外侨案件的审理》，载《法学研究》2012年第2期。

④ 白潮：《乡村法案》，大象出版社，2011年版。

边区司法对六法全书的停止使用，认为在运动中，边区司法系统发生重大的人员调整，不少具有法学专业素养的知识分子干部为工农干部所取代。在阶级斗争思维的主导下，援用六法全书的行为受到批判。此后，判决无法律依据的现象越来越多，调解也更为流行。边区停止援用六法全书，实为新中国成立前夕废除伪法统的前奏。① 在一个相关的研究中，张宏卿做了大量的民事案件的统计分析，指出边区各级法院于 1942 年至 1943 年上半年较为经常地在民事审判中援用六法全书，之后则停止了援用。所援用的法律主要是民事诉讼法和民法。援用的原因主要是边区自身立法不足，民事审判缺乏法律依据，加上这一时期中共实行统一战线政策，营造了较为宽松的政治氛围。同时，一批具有专业法学知识和较高文化素质的干部走上司法岗位，为边区援用六法全书提供了技术支持。② 这种基于扎实档案材料，辅之以新视角、新方法的解读，应该是颇具说服力的。事实上，在陕甘宁边区司法制度的研究方面，西北政法大学的研究者投入了极大的精力，也取得了丰硕的成果，③ 而且部分研究已经开始深入个案的内里。④

---

① 胡永恒：《1943 年陕甘宁边区停止援用六法全书之考察》，载《抗日战争研究》2010 年第 4 期。

② 胡永恒：《陕甘宁边区民事司法中对六法全书的援用》，载《近代史研究》2012 年第 1 期。

③ 汪世荣：《新中国司法制度的基石: 陕甘宁边区高等法院(1937—1949)》，北京: 商务印书馆，2011 年版。成果还包括了汪世荣、刘全娥、李娟等人的一批相关研究论文。

④ 刘全娥：《论陕甘宁边区司法机构对疑难案件的处理——以一桩窑产争执案为例》，载《当代法学》2010 年第 3 期。

黑龙江大学的多位学者对哈尔滨解放区司法档案的深入解读，同样取得了成绩。[①]这些研究成果的取得，同样离不开对既有档案资料的重新分析与解读，离不开新的研究视角及方法。

（四）更注重团队性研究

成熟的学术研究必然需要有精干的团队做基础，需要发挥集体的力量与才智。2011年6月，在革命法制研究前辈张希坡教授的倡议下，中国人民大学法学院革命根据地法制研究所宣告成立，该研究所集结了国内一大批革命根据地法制史研究的同仁，凝聚了革命法制研究的优势力量，为革命法制研究今后更具规模、更高质量的发展奠定了基础。

中国法学会董必武法学思想研究会是另外一个革命法研究的重要阵地。研究会在2000年开始筹备，2001年7月正式成立，隶属于中国法学会。研究会团结和组织全国法学工作者及其他有识之士，密切联系我国的历史和社会实际，开展董必武法学、法治思想研究和学术交流。截至2015年，该学会已经连续召开十多届学术年会，出版多部董必武法律思想研究论文集，产生了非常广泛的社会影响力。

（五）革命法制研究反思

中共革命法制史研究学者侯欣一指出，必须要有更大的学术视野，要在革命史、学术史的脉络中考察革命法制，要增强革命法研究的法学性，为当代的法学研究提供智识。这就要求加强与

---

① 孙光妍、孔令秋：《哈尔滨解放区对外侨案件的审理》，载《法学研究》2012年第2期。

部门法学对话的能力，要关心法学同行在干什么。革命根据地的法律制度是中国当代法律制度的渊源，但这个渊源你现在究竟梳理清楚了没有，说透了没有。① 在中国转型期的复杂社会背景下，中国当代的法治面临极大的挑战，进行适当的司法改革在学界、实务界基本达成了共识，问题的关键在于怎么改，改什么？在此问题上，部分学者也存在"言必称希腊"的现象，主张形式化的、独立性的、主要来自于西方法律传统的司法制度体系应该是中国司法改革之鹄的。与之相关的中国革命法制传统，特别是在中国共产党领导中国人民革命的伟大实践中形成的法制传统，被认为是"落伍"的，甚至是不符合时宜的，因此其遭到了很大的误解，以致被主观地拒斥。一些学者在理论研究中虽然也提及革命法制传统，但是，或者是偏于理论缺乏实践关怀，或者是偏于实践缺乏深入的理论背景，因此多语焉不详，且似乎没能引起司法实务界足够的重视。事实上，中国革命的法制传统不仅构成了当代中国法治的历史来源和基本精神，其积极因素对于当代司法也有着重要的作用。

首先，革命法制传统蕴含诸多有价值的司法原则。从中国共产党领导的根据地司法，到新中国成立后逐渐推进的人民司法，一直坚持了一条很重要的原则，那就是司法为民。司法为民很重要的内涵在于，司法需要特别照顾到弱者的权利，要维护弱者的利益。对此，有研究认为，司法不应当偏向弱者，这有违司法的

———————
① 《中国人民大学法学院革命根据地法制史研究所成立纪念册》（内部发行），中国人民大学法学院 2011 年，第 37 页。

中立。司法应该不偏不倚，不偏向强者，也不偏向弱者，而只是偏向公正、正义，因此司法偏向，或者说一定情况下照顾弱者的权利被认为是与现代法治观念相违背的。事实上，在中国革命法制传统里，司法对弱者的关照，并非是不讲是非、不讲法制地偏袒，而恰恰是在符合法律、符合情理的前提下，对弱者的权利给予特殊关照。"法律的天平导向弱者"，司法照顾弱势一方其实也符合西方诉讼法理论中"平等武装"的原则。由于社会、经济的原因，诉讼两造在现实中的不平等是客观存在的，不照顾弱势一方的权利，势必造成事实上的不平等。因此，给予弱者更多的权利，实际上更有助于实质公平的实现。而这样的原则即使在今天，仍然有非常强烈的现实意义。我们不否认，在今天的各种社会纠纷中，弱势群体一方存在一些不合法、不合理的现象，但更多的时候，是法律资源的不均衡配置导致弱势群体应有的法律权利得不到保障，因此，司法保护弱势群体的权利，照顾弱势方的特殊利益，不仅不违背现代法制原则，而且体现着革命法制的人本情怀。此外，革命的法制传统重视法律柔性，重视参与诉讼主体的自觉性，这突出表现在司法调解当中。来源于革命法制传统的马锡五审判方式，正是以其注重调解，注重当事人的自觉自愿平息讼争，实现和解为主要特色。事实证明，这样的司法理念在利益更加多元，纠纷矛盾相对更为突出的今天，仍然发挥了非常积极的作用，并且还与英美国家司法中盛行的非诉讼纠纷解决方式遥相呼应，构成极具中国化特色的司法经验。

其次，中国的革命法制传统并不必然与西方法制传统相对立。

西方法制传统影响下的司法，历经数百年的实践，被证明具有着极大的妥适性和优越性，特别是陪审制、辩护制、公开制、证据裁判等制度，更被赋予了高度的正当性。因此，与上述这些司法特征相左的司法，其合理性、正当性自然受到怀疑。但实际上，受马克思主义影响的中国革命法制传统下的司法制度，并不与这些西方司法传统相对立，反而积极地吸收了其中有益的成分。保护人权、罪刑法定、公开审判、司法民主本来也是革命法制传统的题中之意，其内在精神更多地体现为对西方进步法律传统的继承和发扬。不仅如此，革命的法制传统由于吸收了注重经验实践、实用主义、综合治理等中国传统法制资源，比之单纯的西方化司法模式更能适应中国社会，在实践中也避免了纯粹法律治理的弊端，起到更好的效果。

再次，中国革命法制传统本身是不断发展的、创新的，它推动着中国司法的进步。作为中国革命法制传统的思想来源——马列主义、毛泽东思想，本身就是一种哲学观、方法论，是不断发展的、不断进步的、不断创新的，因此进步性、创新性正是中国革命法制传统的理论品格，这也使其避免固步自封、停滞不前。中国特色的社会主义建设本身是十分鲜活的，是不断发展变化的，这也要求社会主义法治不断推陈出新，以适应社会经济的发展变革。而追求发展创新，勇于进行理论探索的革命法制传统正好与此相契合，在它指导下的中国法治必然会不断取得进步，更好地适应社会对于法律、司法的需要。

美国著名法学家弗里德曼在《美国法律史》序言中写道：我

十分强调并不是每个社会都应该借鉴美国的经验，或者某些方面模仿它。恰恰相反，美国的经验是美国所特有的。如果你尝试完整地引进它，它会死的，这就像某些罕见的热带鸟会在另一气候里打战一样。[①] 西方的法律传统确实有可取之处，但是不加区别、不加分析地移植所谓的先进制度，未必对中国，以及对中国的司法实践有利。融合了西方法律传统与中国传统法律积极因素的革命法制传统，正可以很好地避免上述的担忧，因此它不仅不应该被回避、被拒斥，而且应该成为指导中国法制发展的重要内容之一。

二、早期政权法制实践研究概况

（一）政权与土地：中央苏区的法制背景

中国的第一个苏区诞生于 1927 年 11 月。南昌起义失败后，彭湃分别在广东的陆丰县、海丰县成立了县苏维埃政府。与此同时，毛泽东也在湖南茶陵建立了县工农政权，中国苏维埃政权的建设从此开始。随后，中国东南部、中部、西北部等地区相继成立了苏维埃政权。1929 年 1 月，毛泽东、朱德率红四军主力离开井冈山，并于 4 月建成赣南苏区。同年 7 月，以龙岩、永定、上杭三县为中心的闽西苏区基本形成。在 1930 年赣西南临时政权建立后，在动员群众攻取吉安口号之下，提出了政权、武装、土地三个任务，遂使赣西南苏区融成一片向四周发展。鉴于江西苏维埃运动的蓬勃发展，中共中央在 1930 年 8 月底确定将江西赣

---

① 【美】劳伦斯·M.弗里德曼：《美国法律史》，苏彦新等译，北京：中国社会科学出版社，2007 年版，第 3 页。

西南苏区和湘鄂赣苏区作为中央苏维埃区域。1930 年 10 月，在
江西省成立苏维埃政府，苏区的中央根据地形成。1930 年底以后，
又单独将赣西南特区划分为中央苏维埃区域，决定在此特区内设
立中共苏区中央局，并建立苏维埃临时中央政府。1931 年 9 月在
第三次反"围剿"胜利后，赣南苏区和闽西苏区连成一片，统称
中央苏区，拥有 21 座县城，占地 5 万平方公里，人口达 250 万，
是当时全国最大的苏区。1931 年 11 月 7 日，中华苏维埃第一次
全国代表大会在江西瑞金召开，中华苏维埃共和国自此诞生。在
当时，全国已在 231 个县、1910 万人中建立了县以上的苏维埃式
政权，苏区建设进入了全盛时期。到 1933 年秋，中央苏区辖有江西、
福建、闽赣、粤赣、赣南五个省级苏维埃政权，拥有 60 个行政县，
总人口 435 万，总面积约 8.4 万平方公里，成为全国最大的革命
根据地、全国苏维埃运动的中心区域。除赣南闽西的中央苏区，
还有鄂豫皖苏区、湘鄂川黔苏区、鄂豫陕苏区等，红色政权覆及
江西、福建、广东、安徽、湖南、湖北、四川、贵州、河南、陕
西等省。1937 年 9 月 6 日，根据国共两党的谈判协定，中共中央
将中华苏维埃共和国中央政府西北办事处，改名为陕甘宁边区政
府。至此，苏区在历经 9 年又 10 个月之后，正式退出历史舞台。
中央苏区的核心范围处于江西省，分布于赣州、吉安、抚州三市。
现经中央党史研究室确认，全国共有 43 个中央苏区县，其中福
建 22 个、江西 14 个、广东 7 个。[1]

---

[1] 《江西 54 个县申报中央苏区县 赣闽粤联手振兴中央苏区》，资料来源：大
江网《信息日报》，2012 年 2 月 1 日。

毛泽东在 1930 年 1 月 5 日发表的《星星之火，可以燎原》中写道：“他们虽然相信革命高潮不可避免地要到来，却不相信革命高潮有迅速到来的可能。因此他们不赞成争取江西的计划，而只赞成在福建、广东、江西之间的三个边界区域的流动游击，同时也没有在游击区域建立红色政权的深刻的观念，因此也就没有用这种红色政权的巩固和扩大去促进全国革命高潮的深刻的观念。他们似乎认为在距离革命高潮尚远的时期做这种建立政权的艰苦工作为徒劳，而希望用比较轻便的流动游击方式去扩大政治影响。”从此话中可见，当时成立中央苏区进行政权和法制建设，在很多中共高层看来是不切实际的或者为时过早的。这就决定了在当时出现的仅仅被称为“星星之火”的政权建设理念和设想并未成为中共战略的主要观念。也因此，毛泽东在 1941 年 5 月 19 日发表的《改造我们的学习》中强调当前务必要进行科学而系统的理论学习，因为“对于国内和国际的政治、军事、经济、文化的任何一方面，我们所收集的材料还是零碎的，我们的研究工作还是没有系统的。二十年来，一般地说，我们并没有对于上述各方面作过系统的周密的收集材料加以研究的工作，缺乏调查研究客观实际状况的浓厚空气。”毫无疑问，在中央苏区的政权和法制建设中，对法制的观念和理论的学习与探讨也是不足的，不成系统的，很多情况下是仓促形成的，基本属于星星之火的初步意识。只不过由于毛泽东早就有建立中央政权的设想，并且有着十分成熟和大胆的考虑，这就决定了以毛泽东为主席的中华苏维埃共和国以及中央苏区在政权建设上是有理论准备的，否则中央苏区在短暂的政权试验期内制定的130多部法律将变得难以理解。同时，面对发展迅速的中央苏区，以及中央苏区如此巨大的版图和人口，中央苏区必须采取切实可行且符合其一贯政治主张的立法与司法举措，在其思想操练和行动实践中逐渐产生的各种零星的法制观念和设想必将成为"燎原之火"，初步塑造了中国共产党人的法制观念和法学理论，给此后中共执政的政法观念和法制策略带来深刻的影响。这就是我们探索中央苏区法制研究的前提和关键所在。

以下我们将从话语中的法制思想、实践中的法制运行，以及建构中的法学蓝图几个部分，综述中央苏区的法制研究，即重新梳理中央苏区的法制研究史。我们关注的已有的研究材料以研究性论著为主，学术论文为辅，纯粹性资料汇编暂不收入。对学术论文的选择，综合考虑发表期刊的层次、引用率、下载率等。一般的介绍性、重复性论文不在考察之列。我们力图从法制文本、实践以及人物思想等多条线索来进行总体性的把握，以期较为完整地呈现中央苏区对法制的初步想法和研究探索的图景。

（二）塑造与再造：中央苏区的法学观念

中央苏区的法学思想无疑受到当前被学界归纳为"苏区精神"的深刻影响，故探讨革命中的苏区精神，理应是探索中央苏区法学理念的第一个切入点。石仲泉以中央红军和中央苏区的发展历史为线索，总结了中央苏区的特殊历史贡献，对这段历史中形成的苏区精神的基本内涵作了科学界定。同时对研究苏区精神所涉及的提出依据、中央苏区的名称、党的"左"倾错误、苏区精神与其他精神的关系等难点问题作了解析。^① 郭德宏分析了苏区精神与教条主义、"左倾"错误的关系，从时间、地域界限的角度界定了苏区精神与井冈山精神、长征精神的关系，进而对苏区精神的内涵进行了精炼的概括。^② 曾耀荣全面考察了苏区精神产生的时代背景、历史定位、基本内涵，分析了党的领导人与苏区精神、客家文化与苏区精神之间的关系，并从执政党建设、社会主义和谐社会建设、社会主义核心价值体系等角度探讨了苏区精神的时代价值。^③ 作为中央苏区总体革命的一部分，苏区的法学与法制，必然体现着苏区精神。不过对法制的探索显然尚未包括在苏区精神的当然议题之中，尤其是当法制理念和实践遇到教条主义和"左倾"路线时更值得我们去细心体会当时的法制意识变化。

中央苏区的文化与宣传、教育也体现了法学的基本思想与价值取向。黄道炫在对第五次反围剿的研究中提及了苏区的宣传教育，认为革命是武装革命，更是思想革命和社会革命，因此宣传革命理念，改变群众观念是革命的题中之义。苏区的宣传口号简单直接，明白易懂，视听冲击强烈，效果很好。教育则通俗易懂，注重现实功能。^④ 这些宣传教育虽以政治、文化为主，但权利、法制也是重要的内容。中国共产党人、苏区人民

---

① 石仲泉：《中央苏区与苏区精神》，载《中共党史研究》2006 年第 1 期。

② 郭德宏：《苏区精神的内涵和特点》，载《中国井冈山干部学院学报》2006年第 1 期。

③ 曾耀荣：《永恒的光辉：苏区精神研究》，中国社会科学出版社 2009 年版。

④ 黄道炫：《张力与限界：中央苏区的革命（1933—1934）》，社会科学文献出版社 2011 年版。

和各界进步人士共同创造的"红色文化",是中华民族精神的丰富和发展,并以其独有的导向功能、凝聚功能、塑造功能、激励功能发挥着特殊的作用。[①] 如何将初步的法制理念变成政治动员和政权建设的导向以及凝聚、塑造和激励群众的巨大武器成为中共不可回避的问题。陈晋分析了在革命与文化的互动中中央苏区走上的新型文化之路,认为毛泽东是带着五四运动前后接受的文化资源、所融炼的文化品格走进革命队伍的。虽然马克思主义学说加上俄国革命道路,被五四的先进群体选择之后,即为中国先进文化创造带来了深刻的历史性转变。但是这种转变还只是开端。具体而丰富的新型文化的出现,必须有待于革命实践的深化,有待于理论思考的丰富,有待于文化活动的具体开展,有待于文化产品的大量出现。[②] 这种新型文化对毛泽东主导下的中央苏区政权法制建设的影响,可能是我们讨论中央苏区法制研究的最好标杆。赖华林等研究了苏区的文化建设,认为苏区建立后,普通农民的文化水平发生了飞跃,这对于法制宣传和教育无疑具有积极意义。[③] 法制宣传的积极作用发挥以及宣传过程中的效果信息反馈对中共法学观的塑造和再造都是有重大作用的。宣传与教育具有同体性。在教育方面,中央苏区创办的中央党校、苏维埃大学、红军大学、高尔基戏

---

① 刘寿礼:《苏区"红色文化"对中华民族精神的丰富和发展研究》,载《求实》2004年第7期。

② 陈晋:《从农村文化到苏区文化》,载《湘湘论坛》2002年第2期。

③ 赖华林:《论中央苏区的文化建设》,载《江西社会科学》2003年第8期。

剧学校等均是中共早期干部教育的成功探索。中国共产党早期，
尤其是中央苏区时期，在怎样造就干部、培养"官员"、怎样
进行干部教育等方面留下了宝贵经验，值得继承与发扬。[①] 这
些教育当中关于法制的教育应当值得关注。马于强认为中央苏
区时期，在党中央和毛泽东等老一辈革命同志的领导下，我党
在干部教育上取得了巨大成就，通过具体实践，摸索出了一些
重要的经验，即党的高度重视，是搞好干部教育的前提；正确
的教育方针、鲜明的政治思想教育是干部教育成功的保障；采
用灵活、科学的教育教学方式、方法，是干部教育成功的关键
等几个方面。[②] 这些经验对于塑造干部的法制观念有何影响以
及如何影响也是我们应当关注的重点。

中央苏区主要领导人的思想也深刻影响着苏区的法学理念。
毛泽东作为中华苏维埃共和国的主席，高度重视这个新型国家政
权的建设，他强调苏维埃是民众自己的政权，它完全依靠于民众。
苏维埃的工作人员应树立新的工作作风，成为廉洁奉公、勤政为
民的人民公仆。毛泽东的这些思想，对于当前和今后国家政权的
建设与巩固都具有重要和深远的意义。[③] 因此，土地革命战争时期，
党和毛泽东在根据地采取了一系列保障农民利益的政策和措施，

① 余伯流：《中国共产党早期干部教育新探》，载《中国浦东干部学院学报》2007 年第 1 期。

② 马于强：《论中央苏区时期我党干部教育的历史经验》，载《中国井冈山干部学院学报》2001 年第 3 期。

③ 王玉福：《中央苏区时期毛泽东的执政为民思想初探》，载《理论学科》2004 年第 1 期。

使贫苦农民得到了实实在在的好处，赢得了苏区贫苦农民的大力拥护和支持，促进了根据地的巩固和发展。① 以群众利益为中心的苏维埃理念也对中央苏区法学观的塑造产生了影响。有研究者总结了毛泽东、梁柏台等苏区开创者的立法思想，包括坚持立法工作始终体现人民的需求与期望；坚持立法工作求真务实、灵活应变，服务于党的阶段性中心工作；坚持党的正确领导与立法程序、监督相结合；坚持以开阔的眼界借鉴和超越中外经验立法，坚持以放眼全国的前瞻性和战略性眼光科学指导立法等。② 这些立法思想无疑成为我们探讨中央苏区法学观的重要支撑点。作为中央苏区为数不多的受过正规法学教育的革命家，苏维埃最高法院院长董必武也深刻影响了苏区的司法，主要表现在依法办事、重视程序、抓治贪腐等方面。③ 中央苏区临时最高法庭主席何叔衡在中央苏区的法制工作实践中，充分贯彻了党的利益和革命利益至上的原则。他在检察监督工作中坚持群众路线，突出对领导干部进行监督，并开创了法律、新闻舆论和群众监督相结合的工作局面。在法律传播贯彻方面，针对苏区的交通、

---

① 王力等：《土地革命时期毛泽东保障农民利益的历史启示》，载《毛泽东思想研究》2006 年第 1 期。

② 周志坚：《中央苏区立法思想初探》，载《企业家天地（理论版）》2011 年第 2 期。

③ 彭光华：《董必武中央苏区法学思想探析》，载孙琬钟、应勇主编《董必武法学思想研究文集》（第七辑），人民法院出版社 2008 年版。有关董必武在苏区时的法学思想和司法实践，参见孙琬钟等主编《董必武法学思想论文集》（第七—九辑），人民法院出版社 2009—2011 年版。

通邮的不便和群众文化素质偏低的状况，灵活地采用了富有文学色彩且大众喜闻乐见的顺口溜形式来有效地传播法律。在司法上他敢于坚持原则，秉公执法，追求法的实质正义，追求司法的政治效果、法律效果和社会效果的统一。[①] 在反贪肃腐的立法和司法方面，何叔衡也贡献颇多。[②] 苏区最高法庭委员梁柏台作为当时中国共产党内唯一系统学习过苏联法律并具有苏联律师执业经验的共产主义法学家，他对中央苏区司法制度建设的正规化也起到了极为重要的作用。[③] 董必武、何叔衡、梁柏台又被称为苏区三大法官，其法制思想是对以毛泽东为首的中共高层执政建设理念的具体化，对苏区法学观的塑造显得尤为重要。与此同时，方志敏在江西赣东北地区建设革命政权时，围绕着建立政权、发展经济、健全法制进行的多方面探索，也明显突出了实践性、群众性的执政思想。[④] 观念的形成是一个过程，是一个需要塑造和不断再造的过程。对关键人物的执政思想和直接的司法观念进行重新翻检，通过我们的历史叙事，大致上可以描摹出中央苏区的主要法学观。

[①] 朱与墨等：《何叔衡的法制工作实践与贡献》，载《沧桑》2009 年第 3 期。参见《何叔衡同志在中央苏区》，载《革命回忆录》，人民出版社 1983 年版。

[②] 李安定：《何叔衡在苏区反贪肃腐的特点及启示》，载《湖南社会科学》2000 年第 3 期。

[③] 李宜霞：《梁柏台与中华苏维埃共和国司法制度之建设》，载《中共中央党校学报》2004 年第 3 期。朱顺佐：《简论梁柏台对苏区司法建设的贡献》，载《绍兴文理学院学报》1985 年第 4 期。

[④] 黄爱民：《论方志敏在赣东北苏区时期的执政思想》，载《中国井冈山干部学院学报》2005 年第 3 期。

（三）学习与适应：中央苏区的法制实践

1.政权建设与法的总体观

余伯流等人的研究认为中央苏区政权建设中十分注重经济建设，开展选举，充分发扬民主，关注民生，同时注意制约权力，坚持反腐倡廉，留下了宝贵的历史经验。[①] 在法制建设中，尤其注重立法，严法惩贪。但也存在诸如照搬苏联法律条文，在肃反中不分情节轻重，轻视程序正义，刑罚苛严等不足。[②] 张玉龙等则进一步指出，尽管在政权建立后，苏区的立法具有民主性、人民性等优点，但同时存在因阶级成分不同而同罪异罚等现象，法律所要求的平等并未能完全实现。[③] 平等的法律观以及苏联法学观的影响必然在实践中对中共自己的法学观带来重要的启示。在这一点上，我们应当注意《中华苏维埃共和国宪法大纲》（以下简称《宪法大纲》）的意义和作用，[④] 以及围绕《宪法大纲》所颁布的各种法律及其之间的紧张关系，这也是一种复调叙事的研究范式。围绕《宪法大纲》，我们还需重点关注政权建设的顶层设计和基层渗透。张侃分析了中国共产党在中央苏区时期的基层政权建设，通过比较基层政权在此前后的变化，揭示了在中国现

[①] 余伯流、凌步机：《中国共产党在苏区执政的历史经验》，中共党史出版社2010年版。

[②] 余伯流、凌步机：《中央苏区史》，江西人民出版社2001年版。

[③] 张玉龙、何友良：《中央苏区政权形态与苏区社会变迁》，中国社会科学出版社2009年版。

[④] 刘晓根：《苏维埃共和国民主法制建设及启示》，载《江西社会科学》2000年第3期。

代化过程中，中国共产党是如何改变基层社会控制力量，达到"从宗族到国家"的国家建设目的。[1] 至于苏联法学研究对中央苏区法制观念的影响，其重要性自不必多言。中央苏区学习和借鉴苏联的做法，在彻底摧毁国民党旧法体系的基础上，广泛开展了苏区的法制建设。其颁布了宪法大纲，刑事、经济、土地、劳动、婚姻等一系列法律、法令、条例和训令；创立并完善了司法人民委员部、国家政治保卫局、临时最高法庭和各级裁判机构等人民司法机关；制定和规范了公开审判、便民诉讼等一整套司法制度。苏区法制就性质而言，是新民主主义法制，是人民民主法制。它遵循和坚持了反帝反封建的基本原则。[2] 人民民主和反帝反封建当是中共法学观最初的源头。刘受初也论述了苏区的司法机关、法制建设以及司法制度。[3] 吴广探讨了苏区法制的原则，认为苏区工农民主政权的法制建设，是以马列主义普遍真理同中国革命具体实践相结合的理论指导下进行的。它废弃了半封建半殖民地的法律制度，创建了反映人民意志和利益的法律制度。[4] 唐志全等人认为闽浙赣苏区的法制建设留下诸多经验和启示：一是高度重视法制建设，初步建立了苏区的法律体系；二是把坚持人民民主作为法制建设的基本原则；三是法制建设为经济建设服务，推

---

① 张侃：《从宗族到国家：中国共产党早期的基层政权建设——以1929—1934年的闽西赣南为中心的考察》，载《福建论坛》2002年第5期。

② 杨木生：《中央苏区法制建设的经验和教训》，载《江西社会科学》2001年第12期；杨木生：《中央苏区法制建设》，中共党史出版社2000年版。

③ 刘受初：《中华苏维埃共和国的法制建设》，载《吉安师专学报》1995年第4期。

④ 吴广：《论苏区法制建设的基本原则》，载《厦门大学学报》1986年第4期。

动苏区的经济建设；四是把惩办与教育结合起来，化消极因素为积极因素。① 周志坚认为，中央苏区形成了在立法工作中统筹谋划、创造性完成党的历史任务、适应社会发展阶段性特征、体现人民民主和发动群众广泛参与革命等实践经验。② 杨颜桐等探讨了闽北苏区的法制建设，认为其具有区域性、实用性和群众性。③ 孙洋波等论述了土地革命后，1918 年苏俄宪法对中国苏区革命法律的影响。④ 列宁的法制思想，对于苏区法制建设也有多方面的影响。⑤ 苏俄法制观和先进的人民法学理论的影响，以及中共自身所理解的马克思主义和中国革命自身的特点与形式，促使中央苏区时期的中共领导人在立法和司法实践中不断学习摸索，形成了一套适应中国国情的法学观念和实践机制，在不断学习和适应的过程中创造性地进行了多项影响深远的法制实践。

2. 司法与检察

曾维东和曾维才等研究了中央苏区成立前后的审判史，分析了审判的依据和主要特点，认为中央苏区的司法审判开创了人民司法的先河，留下了可贵的经验，也体现出苏区司法审判人员对

---

① 唐志全等：《闽浙赣苏区法制建设的成就和基本经验》，载《江西社会科学》2000 年第 4 期。

② 周志坚：《用改革的精神引领立法工作：中央苏区立法工作的启示》，载《企业家天地》2011 年第 2 期。

③ 杨颜桐、吴其乐：《论闽北苏区法制》，载《福建党史月刊》1991 年第 11 期。

④ 孙洋波、田冬雷：《试论 1918 年苏俄宪法对中国苏区法律的影响》，载《内蒙古农业大学学报（社会科学版）》2007 年第 1 期。

⑤ 赵明：《列宁法制思想原则对中央苏区立法的指导作用》，载《理论与改革》2009 年第 4 期。

于法律和司法的认识。① 而林海等人全面梳理了中央苏区检察制度的创立，检察机构的设置、运作方式与领导机制，并从检察工作的历史实践出发，总结了苏区检察工作的历史地位。② 实际上对审判和检察制度的书写一定程度上具有固定的模式，延续着背景、机构、原则、程序、重大案件、特点以及影响这一研究路数展开，较少关注制度运作背后观念的变迁过程。对审判检察制度背后由法制观念和实践组成的法学观的形成加以重视，应当成为我们更进一步研究中央苏区司法观念和法制研究的新视野。

3. 肃反与反腐

肃反运动中的反法治现象是中央苏区法制史上重要的历史教训。1928—1936 年，中共受"左"倾路线影响，一场大规模的肃反在苏区各地展开，致使一大批优秀的共产党员和革命志士被害。刘秉荣以大量详实资料描述了大肃反的过程，其中法制难行的教训亦值得汲取。③ 李伯凯亦对苏区肃反的原因、危害和教训进行了研究，认为审讯中的刑讯和运动执法的快捕、快杀是法制实践中最应该反思的历史教训。④ 关于肃反的原因，有研究认为受国内外因素的影响，各种非无产阶级思想推动了肃反的扩大化。⑤ 这种非无产阶级对法制观念的影响值得做进一步的挖掘。陈耀煌

---

① 曾维东、曾维才：《中华苏维埃共和国审判史》，人民法院出版社 2004 年版。
② 林海主编《中央苏区检察史》，中国检察出版社 2001 年版。
③ 刘秉荣：《魂飘重霄九：苏区肃反大纪实》，花山文艺出版社 1993 年版。
④ 李伯凯：《湘鄂赣苏区肃反运动述评》，湖南师范大学 2002 年硕士论文。
⑤ 潘国琪：《非无产阶级思想与苏区肃反扩大化》，载《杭州师范学院学报》1991 年第 4 期。

研究了1930—1933年湘鄂西苏区的发展与内部整肃的根源及其过程,指出整肃是加强对党政军领导的一种手段。[1]而在整肃的过程中,法制及其技术化程序被如何看待,亦是值得关注的问题。

苏区的反腐倡廉也是法制建设的一个重要方面,朱钦胜为我们勾勒了一幅中央苏区反腐倡廉的历史地图。他以中央苏区时期的廉政措施为对象,详细考察了中央苏区反腐倡廉的历史背景、廉政教育、检察制度设计、会计制度设计、审计制度设计以及反贪污浪费、反官僚主义的运作,总结了中央苏区反腐倡廉的历史经验及启示。[2]谢建社探讨了苏区反腐倡廉的具体措施及反贪污反浪费的有益经验,揭示了其现实意义。[3]马于强从建立财政制度、严格财政纪律、建立监督机制等方面,探讨了苏区反腐倡廉的措施及经验。[4]凌步机、李忠等人也从中央苏区反腐的时代背景出发,介绍了民主政治制度、教育制度、监督机制、[5]以及毛泽东在井冈山、中央苏区时期反腐倡廉实践中所积累的官兵平等、身正反腐教育为本、思想反腐建章立制、以法反腐依靠群众、民

---

① 陈耀煌:《中共湘鄂西苏区的发展及其内部整肃》,载《国史馆学术集刊》第15期。

② 朱钦胜:《中央苏区反腐倡廉史》,中国社会科学出版社2009年版。

③ 谢建社:《中央苏区反腐倡廉的成功经验和深刻启迪》,载《江西师范大学学报》2002年第4期。

④ 马于强:《中央苏区反腐倡廉的措施及其经验》,载《井冈山学院学报》2006年第1期。

⑤ 凌步机:《中央苏区的反腐倡廉工作》,载《中国井冈山干部学院学报》2005年第2期。

主反腐的成功经验，[①] 揭示了苏区反腐的积极意义。双传学分析了在中华苏维埃共和国时期，毛泽东领导了中央苏区的反腐倡廉教育运动。其内容主要包括节俭教育、作风教育、制度教育、警示教育等，体现出身教与言教相结合、教育与检查监督相结合、教育从严与处理从宽相结合等特点。[②] 发动群众，进行群众监督，也是中央苏区反腐的主要经验。[③] 这些反腐经验不断法制化的过程无疑形成了中央苏区反腐的法制基本理念与原则，以及反腐的主要依靠力量，成为中央苏区法制观念的重要组成部分。

4. 人权与土地

中央苏区在革命的进程中，对人权的关注也十分热切，进行各种人权建设是获取群众基础的最急需的工作。[④] 首先兴起的是妇女解放运动。张雪英对中央苏区妇女运动史的研究以妇女运动在苏区的兴起、发展、挫折为主线，全景展现了苏区妇女运动的历史进程，并探讨了毛泽东、邓颖超、蔡畅、康克清、周月林等对苏区妇女运动的影响与贡献。[⑤] 妇女运动中包含妇女解放的先进理念如何内化为法制观念的，应当成为我们思考的方向。作为苏区社会改造和妇女运动的一部分，苏区对传统婚姻形态进行全面改

---

① 李忠：《毛泽东井冈山、中央苏区反腐倡廉的成功经验》，载《井冈山师范学院学报》2004 年第 3 期。

② 双传学：《中华苏维埃时期的反腐倡廉教育思想与实践》，载《南京财经大学学报》2007 年第 2 期。

③ 吴九华：《发动群众监督政府》，载《前沿》2006 年第 4 期。

④ 罗惠兰等：《中华苏维埃共和国人权建设研究》，湖南人民出版社 2009 年版。

⑤ 张雪英：《中央苏区妇女运动史》，中国社会科学出版社 2009 年版。

造，并依据党的理论对建设新型婚姻形态进行有益的探索，婚姻
自由、保护女性的观念和立法在苏区得到传播与贯彻。但是由于
环境险恶，在这个过程中也不得不对现实做出一些让步和折衷。①
这种让步或调适如何构造了中央苏区的婚姻法制形态值得给予充
分的关注。土地革命战争时期，中国共产党和苏维埃政府明确规
定苏区妇女与男子享有同等的权利，但由于战争环境和传统观念
的影响，在一段时间里，这些规定并没有真正落实。面对苏区形
势日益紧张，迫切需求广大妇女参与革命的客观现实，苏维埃政
权采取一系列有效措施，保障妇女各项权益的落实。② 有研究认为
苏区的婚姻立法，是在对封建的婚姻家庭陋俗进行抨击与改革的
基础上完成的。它在承受婚俗改革成果的同时，又将婚俗改革的
成果通过法律形式固定下来，从而形成了适用于全苏区的婚姻条
例和婚姻法。红色苏区婚姻立法的实行，标志着我国新民主主义
婚姻家庭制度的形成与确立。③ 苏区婚姻立法体现了婚姻自由、男
女平等、保护妇女利益等反封建的内容。中央苏区婚姻制度的改
革促进了妇女解放运动的发展，使解放了的苏区妇女焕发出极大
的革命热情。④ 薛云等研究了苏区婚姻制度中的"绝对自由"现象

---

① 黄东：《红色苏区婚姻改造述论》，载《首都师范大学学报》2003 年第 3 期。
② 林颂华：《中央苏区妇女问题初探》，载《中共宁波市委党校学报》2002 年第 2 期。
③ 王歌雅：《红色苏区婚姻立法的习俗基础和制度内涵》，载《黑龙江社会科学》2005 年第 2 期。
④ 吴小卫：《中央苏区婚姻制度改革与妇女解放》，载《南昌大学学报》1998 年第 1 期。

及其对传统家庭造成的冲击，以及苏区婚姻法对其的调适与改革。[①]对中央苏区婚姻法制的关注不仅应从妇女权益保障的视角来入手，更需要站在战争历史时期的高度，结合保护军婚的法制意识来充分研究。

另一个值得注意的是对大众劳动权益的保护。李峰松全面研究了苏区劳动立法机构、内容、执行机构及其主要特点、影响，认为苏区劳动立法在取得积极成就的同时，也对根据地的相关立法产生了消极影响。[②]早期中央苏区劳动立法中，由于主张劳资对立，将资方作为革命对象，因而立法对劳动者保护的力度过大，对资方的限制过多，其结果使得劳动立法不仅没有起到保护劳动者的作用，相反对苏区经济造成了严重破坏，最终也损害了劳动者的根本利益。[③]这一研究视角不再过于注重人权保障，而是充分考察中央苏区法制观念的一些负面效应，从而对全面分析中央苏区的初步法学观奠定了基础。

土地成为中共革命的主要合法性来源。温锐专门研究了中央苏区的土地革命史。[④]在土地革命中，正确地划分农村阶级成份，既是阶级路线的重要内容，又是能否正确贯彻土地革命路线的必要前提。第二次国内革命战争时期，中共通过领导土

---

① 薛云等：《苏维埃时期婚姻"绝对自由"现象述评》，载《淮北煤炭师范学院学报》2007年第5期。

② 李峰松：《中共苏区政权劳动立法研究》，河南大学2007年硕士论文。

③ 秦国荣：《建国前中国共产党劳动立法的演变及其启示》，载《江海学刊》2008年第4期。

④ 温锐：《中央苏区土地革命研究》，南开大学出版社1991年版。

地革命斗争的实践，在划分农村阶级成分上逐渐形成了一套较完善的标准。探讨中央苏区土地革命中对农村阶级划分标准的逐渐完善，可以基本看到党在这个时期对农村阶级划分的认识。①这一阶级观的形成与完善对中央苏区关于平等的法律原则也有极大的冲击。李小平也研究了中央苏区土地改革的历史；②在土地立法方面，曾绍东研究了中央苏区土地法律制度的内容、特点；③熊乐兰研究了中央苏区土地立法的积极意义。④吴升辉研究了闽西苏区的土地法律制度的形成和特点，认为其体现了马克思主义基本原理的中国化。⑤中央苏区的立法是如何将马克思主义基本原理转化为法制观念的，也应成为我们思考中央苏区法学观的核心问题。黄琨的研究认为，苏区的土地法制政策与革命斗争的形势密切相关，实行积极的土地政策是为了争取农民的支持，以形成利益共同体。这样的策略又间接影响到土地法制的内容，在土地革命中由于乡村习俗的影响，甚至不得不做出革命的让步，例如在祠田、庙产没收的问题上。⑥何朝银认为土地革命体现了革命与血缘、地缘的纠葛，革命导致了血

---

① 温锐：《试论党在中央苏区土地革命中划分阶级的标准》，载《江西师范大学学报》1987 年第 1 期。

② 李小平：《中央土地改革史》，厦门大学出版社 1999 年版。

③ 曾绍东：《中央苏区土地法律制度》，载《农业考古》2010 年第 3 期。

④ 熊乐兰：《中央苏区土地立法的意义》，载《萍乡高等专科学校学报》2001 年第 3 期。

⑤ 吴升辉：《闽西苏区土地法律制度的形成和特点》，载《福建党史学刊》2009 年第 14 期。

⑥ 黄琨：《从暴动到乡村割据：1927—1929》，上海社会科学院出版社 2006 年版。

缘溯源性的破坏和地缘的组织化，尽管血缘、地缘因素作为革命的对立面得到一定消解，但这种消解是初步的。[①] 可以说，法制与革命的关系，以及法学观与革命观天然的不可分性，是我们考虑所有法制问题的基本出发点。

5. 军事及其他

军事立法也是土地革命战争时期中央苏区法制建设的一个重要方面。毕竟，政权与武装不可分离。中央苏区的军事法渊源主要有六种：中华苏维埃共和国宪法、军事法律和中央苏区普通法中的军事条款、军事法规、军事规章、具有军事法规性质的文件。中央苏区军事法体系由十个分支部门法律规范构成，具有丰富的内容和广泛的适用范围，在调整苏区各种军事社会关系方面发挥了重要作用，充分凸显了为苏维埃政权和军事斗争服务的时代特征。[②] 而对于军事法的基本理念的研究却付诸阙如。虽然这些系统性的军事立法在一定程度上反映了中共高层，尤其是毛泽东的军事战略思想，但如何将这种战略思想转化成相对具体而实在的法制观念或法学观，才是我们应该着力探讨的方向。

其他有关中央苏区史的已有研究成果主要涵盖了一个完整国家政权所需要的必备要素，主要集中于教育、文化、艺术、体育等研究领域，包括文学、美术、新闻出版、报刊发行等。还有党建、

---

① 何朝银：《革命与血缘、地缘：由纠葛到消解》，中国社会科学出版社2009年版。

② 曹敏华：《试论中央苏区军事法的渊源与体系》，载《党史研究与教学》2002年第6期。

思政，甚至包括监察审计等。研究还涉及财政、经济、军事、交运、贸易等领域。①总体而言，已有研究主要关注中央苏区的意识形态史和政权建设史，以耕战为主，兼顾其他领域初步建设的尝试勾描。但我们如果要研究中央苏区的法学观，虽然这些领域的研究能给我们大致勾勒出一幅中央苏区的政权运作图画，但这些所有的思想观念和实践内容是如何转化为具体的法制观念，以及为何没有及时转化为相对系统的法学理念才是我们思考的进路。

（四）局部与全局：中央苏区的法制愿景

由于中央苏区和地方苏区双重存在的现实，中央高层在进行法制建设时无不需要考虑中央与地方、局部与全局之关系。这是中央苏区法制实践中必须要面对的根本问题。而对中央与地方法制关系的探讨基本上在国内的已有研究成果中并未得到具体而充分的讨论。何友良分析了苏区的社会变革发生在中共领导的土地革命时期，其变革以推翻旧政权、建立新政权为核心，提出了改变半殖民地半封建社会性质、走向人民当家做主的新中国的社会发展方向，并由刚建立的新政权领导，同时进行两大重点变革，

---

① 代表性成果主要有钟俊昆：《中央苏区文艺研究：以歌谣和戏剧为重点的考察》，中国社会科学出版社 2009 年版；严帆：《中央苏区新闻出版印刷发行史》，中国社会科学出版社 2009 年版；黄克富主编《中央苏区调查统计史》，中国统计出版社 2005 年版；张侃、徐长春：《中央苏区财政经济史》，厦门大学出版社 1999 年版；舒龙、谢一彪：《中央苏区贸易史》，厦门大学出版社 1999 年版；王予霞：《中央苏区文化教育史》，厦门大学出版社 1999 年版；林道福主编《中央苏区美术史》，江西高校出版社 1999 年版；曾飚主编《中央苏区体育史》，江西高校出版社 1999 年版；余伯流：《中央苏区经济史》，江西人民出版社 1995 年版；傅凤翔主编《江西苏区交通运输史》，人民交通出版社 1991 年版；等等。

即改革旧的社会结构和社会关系，改变农村人口的生存现状、倡导人民的解放和发展。围绕着一个方向、两大重点进行的社会变革，具有革命性、整体性和反复摸索性等特点。①苏区的社会变革成为讨论中央和地方关系的主要切入点。社会变革的制度设计，包括顶层的制度运作设想和下层，尤其是基层的政权建设当然在以《中华苏维埃共和国宪法大纲》为主要纲领性的法律中得到了一些体现，但在具体操作中，尤其是在对待中央与地方的立法和司法的统一问题上是如何贯彻局部与全局这一中国革命法制理念的，则需要我们进行深入的分析。毕竟通过这一分析，我们可以看到早在中央苏区政权建设中，中共高层是如何在进行新中国政权建设的总体设想，也即中央苏区的法学愿景是如何规划的。

中央苏区的法学愿景规划对此后的抗日根据地法制建设乃至新中国初期的法制观念都有着深远的影响，主要体现在中共高层的几位领导人，特别是法制工作领导人的法制思想当中。我们在以上所提出的研究设想中，也应该把握全局思考的观念，毕竟中央苏区的法制实践，相当部分成为了中共革命根据地和新中国法制建设的最初试验。可以说，中央苏区立法注重实用性、实践性、群众性的思想，深刻影响着中国革命以后的立法。例如在婚姻法方面，中央苏区的婚姻改革及法制，对抗日根据地的婚姻法制都具有重要的影响。②这样的例子不胜枚举。因此，我们需要从局

---

① 何友良：《论苏区社会变革的特点和意义》，载《中共党史研究》2002 年第 1 期。

② 傅建成：《苏区时代中国共产党对传统婚姻的改革分析》，载《西北大学学报》1999 年第 3 期。

部与全局的区分和勾连中描述中央苏区对未来法制建设的法学愿景的规划，这样才能全面把握中央苏区的法制实践。

（五）问题与方向：中央苏区的法学研究

在中共政治意识形态影响下，中央苏区逐步展开的各项政权建设运动中穿插着各种法律的颁布和实施，在立法、司法和执法的专项活动中，中共形成了比较浅层次的法制观念与法制理论。如若欲对中央苏区的法制研究这一论题进行研究，则需要关注的知识领域将十分庞杂，涉及面亦相当广泛，而且与政治、经济、文化，乃至历史传统密不可分。这一论题最终需要回归到中央苏区的法学观上来。既有的关于中央苏区法制的研究成果基本上已经较为充分地展示了中央苏区的立法、司法以及执法的历史过程，揭示了各种法制活动的原则和具体操作程序。个别论著不仅考察了中央苏区立法的思想渊源，而且对中央苏区法制的社会和文化背景做了深入的考察，取得了多方面的成果。然而，如果放在中央苏区法制研究和法学观的塑造与形成这一论题下来进行评析，其不足之处仍然十分明显。

首先，对细节的观察不够，微观上的研究考察不足。无论是对中央苏区的立法制度和司法机关的研究，还是对执法过程的讨论，更多的较容易侧重于宏观论述。而从微观的角度，尤其是对观念史形成变迁的历史考察十分匮乏。这样较易流于固有的研究形式，自然忽视了中央苏区的思想和制度实践之间的互动研究，尽管少数论著已经注意到中央苏区主要领导人物思想对制度建设的影响。其次，既有的研究虽然力图以点带面，从具体的领域出发研究中央苏区的总体历史，但就已有成果来看，距这一目标的达成尚有很大的距离，对总体史观的把握有所不足。中共的革命是社会的总体性革命，无论是土地革命、妇女运动，还是法制建设，都是总体革命的一部分。割裂地理解法制，甚至某一部门法律制度，难免失之偏颇。这与对法制和革命的关系理解不够深有关系。最后，研究的不足很大程度上归结于研究方法的单一或者缺乏。很多研究成果虽然对研究欲达成的目标比较明确，但囿于传统的研究方法，沦为单一的线性发展描述和传统的马克思主义解释方法，缺乏文学、传播学、教育学、财政学、社会学等基础方法的运用，使得研究干瘪无味，难以进行深入地分析。

就当时革命斗争环境而言，中央苏区是否存在体系化的法学思想，是否形成了固定的法学思考与研究范式都将是疑问。但综合我们以上的分析，如果从略显杂乱的法律制度和实践中，甚至从看似无关的文化教育宣传、政治化运动中去寻找蛛丝马迹，进而加以分析总结，详查其源流，探索行动背后的观念和主义，或许可以借以发掘出新中国法学的源头。

第二章　早期法制实践的农民底色 ■ ■ ■ ■

　　农民问题，是近代中国革命的核心问题，这恐怕是任何一个有智慧、有远见的革命家都无法漠视的，当然也是研究近代革命的学者难以回避的。然而，中国的农民具有什么样的特性，革命中的农民又具有什么样的性格，他们何以加入革命？长期以来，这些问题在国内学者的革命史研究中是相对受到忽视的。张宏卿从政治史、革命史、文化史的角度切入，综合运用社会学、人类学、心理学等研究方法，对中央苏区革命中的农民进行了全新的解读，并经由农民性格，分析了苏区革命的动员模式，不仅有详实的历史叙述，更有独特的理论思考，提出了诸多新颖的观点，其特有的理论贡献值得肯定。[①]

一、乡村革命与农民性格

　　针对中共农民革命问题的研究成为近代史和中共党史研究者经久不衰的话题。在这一问题的研究中，我们期望看到的是透过

---

　　① 张宏卿：《农民性格与中共的乡村动员模式——以中央苏区为中心的考察》，中国社会科学出版社 2012 年版。

底层农民的视角来解读革命与农民的关系，这一点正是张宏卿及其所著《农民性格与中共的乡村动员模式——以中央苏区为中心的考察》（以下简称"张著"）一书所致力的研究方向。[①] 我们将以张著《农民性格与中共的乡村动员模式》为例，探究农民的性格对中共乡村革命的影响和意义。

农民的研究绕不开对农民性格的刻画，中国农民性格的复杂性使得对此问题的阐述呈现多样化。如若仅以张著中对中国农民"即时满足"的实利主义性格的描述进行评断的话，必将会引起诸多质疑。因为任何试图以一种性格去归纳中国农民的研究都将是不全面的。所以，对张著的这一论断，我们需要给予"同情式"的理解。我们知道，学术研究需要既定的前见或者预设，即前提假设，并且学术研究需要划定范围，否则研究不可能深入。张著对中国农民性格的把握，是结合中共革命动员这一大的学术环境来展开的。

理解张著中"农民利益即时满足的实利主义"论断，需要结合他所谓的"地缘革命学"之学术知识背景，即这一论断应该围绕中央苏区的革命来理解。中共深刻把握了农民革命的方向，如此才能对中央苏区农民的意识形态进行规训，使之符合革命动员的目的。正是中共理解了苏区农民与华北、长江三角洲农民的不同，才使得中共的革命动员模式能在苏区扎下根来，形成中共革命一贯的动员模式。加上中共革命的底层面向，使得中共能在长

---

① 张宏卿：《农民性格与中共的乡村动员模式——以中央苏区为中心的考察》，中国社会科学出版社 2012 年版。

征之后也能很快适应陕北农民的性格，联通其他边区及解放区的农民革命，迅速恢复元气，扩大战果，巩固政权。可以说，中共对农民性格的正确把握与中共所期待的国家政治建构模式是相吻合的。同时，农民的乡土意识在中共的革命动员方式逐步的规训下，也影响着国家建构的模式之形成。乡土意识和国家建构在中共农民革命的过程中是相互影响的，这一点也是理解张著对中国农民性格与中共革命动员关系分析的关键点。"革命理念与农民意识的互化，这一切都得以在土地改革运动中'完美'呈现。"张著对此问题进行了深入探讨。而农民的广泛性为中共革命提供了无穷的人力资源和社会关系网。最终，新中国中共的执政方式所体现出来的诸多农民性，实际上为"中国农民形成农民中国"提供了主要论据。当然，关于这一点，即苏区农民革命经验之于此后中共革命进程的重要意义，是张著稍显不足之处，需要张著在文末进行必要的扩充说明。

明白了以上前提，我们不需要去质疑张宏卿对中国农民性格归纳的失当性。更为关键的问题是，我们需要质疑他对这一性格归纳所使用的论证方法。

（一）中共乡村革命中农民研究之方法

总体而言，张著对农民性的论断显得有些突兀，缺少历史性的深入分析。即张所认为的此种中国农民的实利主义性格是如何形成的？传统性格与革命性格是如何转变的？而中共对此种性格的形成是如何把握的？即此种性格的形成是中国革命动员所刻意引导的还是无意酿成的？如果是刻意引导的，那么中共革命动员方式如何改变了中国农民的既有性格，又如何促成了乡村革命所需要的这种性格？[①]动员是一个过程，性格的形成更是一个过程，我们在了解此种性格的同时需要进一步把握这种性格是如何形成的，以及为何是此种性格而非其他性格等核心问题。虽然张著中充分运用了政治文化史、社会文化史等分析方法，这种多角度的分析是张著所带给我们的阅读价值，但该作品对以上关于农民性格与革命动员间的关键问题的处理方法，则需要做出进一步的反思。具体而言，虽然张著在论述的过程中始终将中国的农民性格同中共乡村革命这一特殊的历史背景相联系，但在写作时无形中将此种历史背景虚置，并没有凸显在这一历史背景下中国农民性格的特殊性，反倒是以农民性格去印证这一历史背景，其论证方法无疑是失当的。

（二）中共乡村革命中农民研究之论证

张著已经注意到了农民中的不同阶层所体现出来的性格差异性，以及中共革命动员模式的不同针对性。比如贫雇农，以及妇女儿童等。"中国共产党人正是从这一边缘化群体着手，或利用他们在传统社会中的弱势地位，或激发他们在家庭中的纽带作用，并抓住他们的特殊利益、要求和心理，发动他（她）们起来革命。"如此看来，中共革命党人实际上对底层农民性格的把握已经十分娴熟，并且能够进行恰当的规训，这正是中共强调"群众路线"并屡试不爽的经验之源头所在。对这一源头问题的深入解读正是

---

① 何斌等：《苏区农民动员的机制与策略分析——以"九打吉安"为例》，载《农业考古》2011年第1期。

张著的价值所在，也正是本书关注的焦点主要不是革命精英与领导者，而是底层民众——"落后"势力的重大意义。当然，张著期待的"从处于社会底层的民众的视角去解读中国的革命"的目标是否达到了，是值得怀疑的。

所谓从底层民众的视角去解读中国农民革命的特殊性，必须要面对中国底层民众的性格。张著认为底层民众的性格可以概括为："原初的营利意识、安逸的生活信念和好走极端的山区型权威性格。"而其研究对这种性格的分析并非是基于苏区农民的分层所进行的归纳。因为张宏卿所要分析的仅仅是"落后势力"，即贫雇农和儿童妇女，这些底层人的性格分析必须要以底层人的性情感悟和行动表现作为基本的论据。但在张著中，我们所能看到的却是不加区分地引用那些不加区分人群的统计资料，利用如此粗略的引证分析去构建张著论述的关键性问题，是不能得出令人信服的结论的。不过，张著的重点一目了然，他对中共革命乡村动员的分析是精到的，但如果对"落后"农民性格的刻画存在着以上的硬伤，则很容易使读者形成以下推断：张著对农民性格的刻画存在先入为主的可能，即先有了对中共乡村革命动员的分析进而推断出农民的这些性格。如此这般，张著所期待的将乡土意识和国家建构进行互动式研究的目的就落空了。

（三）全面理解中共革命农民动员模式

再说到革命动员的问题，已有研究至少揭示出中共对乡村革命的动员实际上主要包含了通过身体的、知识的、经济的三个层面的动员机制。张著认为无论是哪种动员方式，其实质性问题在于对"农民性"的理解，这也是张著重要的写作意义。但"农民性"的理解不是一蹴而就的，是反复实践的，实践中有成功也有失败。成功需要关注，失败也需要关注。张著中重点分析了"动员、任务和政令"三种动员方式，但这些动员方式是不是在这"落后"势力中自始至终都如此奏效？如果不奏效，中共又进行了何种调整？这些问题在研究中并未反映出来。可能张著只探讨了奏效的模式，在其思想意识或者写作定位上仅仅立足于成功的模式。但如果要真切地理解中共乡村动员模式的形成和发展过程，以上问题是无法回避的。比如张著认为"农民仪式借用苏维埃的符号而让革命'在场'，苏维埃政权有时也通过民众的代表或其符号的表达而让'农民'在场"，这种互动研究的价值是不言而喻的，但我们也需要知道，外来的苏维埃运动与传统的乡民社会是否一开始就是如此的契合，中共革命中的先进势力是否一开始就知道农民性格及其行动模式，一开始就知道应该如何采取动员模式？显然并非是如此的先知先觉。[1] 因此，张著的写作指向显示着他对中共乡村革命动员与农民性格的研究有所偏好，而正是这种偏好影响了全面地理解这一问题。

虽然张著一直强调要从底层民众的视角理解中共农民革命的特殊性，但如果完全抛开"先进势力"的思想观念之变化的研究，反而会使深入理解中共乡村动员模式及其意义大打折扣。当然，张著的论断选择取向同时也为我们理解中共革命提供了一幅新鲜

---

[1] 钟日兴等：《中央苏区革命动员与农民"抵制"心态》，载《求索》2010年第7期。

的画面。"落后势力"并非落后，他们也规训着中共革命的样式乃至此后的国家建构模式，只不过张著对"先进势力"的有意避开，影响了张著论述的全面性，因为"先进势力"毕竟也有"先进之处"，包括富农和地主，乃至工人阶级。虽然张著在第二章中有所提及，但后文的论述并没有如此的分析自觉。这是张著所需要强化和补足的。

然而，力求精确地刻画乡村革命中的农民性格往往囿于资料所限和知识能力而成为不可能，全面地理解中共动员模式的形成也往往由于研究视角和研究重点所限成为难啃的骨头，对此问题的研究很难由一个人在一本书中完成。因为对这一领域的研究目前所展现的成果而言，精确而全面的研究中共革命史已经成为众多学者努力的方向。普遍的观点认为，对中共革命史的研究应当结合中国近代乡村史和社会史的研究方法来进行，[①]在当前关于革命政党与乡村社会、乡村革命与乡村建设等已有的研究中就可以看到对这一研究号召的响应。[②]这些研究成果无疑也影响了张著甚至更多中共革命史的研究者。但基于"不片面就不深刻"的学术研究心态和学术创作的标新立异之需，对张著的苛责也应该适当，他的研究毕竟为我们多面向地理解中共乡村革命提供了又一新颖的视角。这种研究主体的底层转向视角虽非新颖，但是多

---

① 李金铮：《向"新革命史"转型：中共革命史研究方法的反思与突破》，载《中共党史研究》2010年第1期。

② 刘学礼：《乡村革命与乡村建设》，中共党史出版社2012年版；黄琨：《革命与乡村：从暴动到乡村割据（1927—1929）》，上海社会科学院出版社2006年版。

元化理解中共革命的必需所在，也是中共革命史和中国乡村史互动研究的精妙之处。而将这一互动研究置放在社会经济文化史的研究框架下更是多元化理解中共革命的必要。

二、农民性格与革命法制

（一）时空差异与农民的分层性格

或许也正是急于在一部著作中作出对中国传统农民的总体解释，也不可避免的出现某些不周延、不客观的地方，特别是其提出的"农民利益即时满足的实利主义"中心论断，在包含某些洞见的同时，也不免带有几分片面。对于"农民利益即时满足的实利主义"论断，张著作了较为详细的解释，意指农民由于他们已有的生活经验和生存条件限制，对物质利益的渴求和获取具有极强的时效性，以至于可以对其他因素不予考虑。"长期以来与土地的零和博弈，生存环境的恶劣而形成的低下志向与宿命论，使得农民延迟满足，是典型的立即满足型。农民的生活经验也来自于与此时此地的困难打交道，无论如何，延迟满足不是农民的特性。"[1]张著进而认为这一特性的背后是"饮鸩止渴的冲动与到了黄河也心不死的冥顽。"这一描述本身充满矛盾，先说"生存环境"导致农民"延迟满足"，又说他们是"立即满足型"，并且"延迟满足不是农民的特性"，且不说生存环境的恶劣是否一定导致"延迟满足"，即便如此，是否就能进一步推导出"典型

---

[1]　张宏卿：《农民性格与中共的乡村动员模式——以中央苏区为中心的考察》，中国社会科学出版社 2012 年版，第 122 页。

的立即满足"恐怕仍有疑问，仅从感性认识而言，从众多研究对中国传统农民性格的一般描述看，毋宁说"忍耐、守旧"等更是其主要特性。

实际上，学界关于农民的研究是颇为丰富的，即使局限于中国农民，相关的研究也不在少数。梳理这些"农民学"研究，我们不难发现，农民本身是十分复杂的，这种复杂性不止来自地域、时代的差异，也来自文化、心理，乃至传统的歧异。经济学及社会学的研究，阐释了"道德小农"与"理性小农"的不同侧面，前者认为农民的行为遵循一定的道德伦理标准，"道德小农"肯定传统价值中的生存权利和礼尚往来，认为地主和农民形成了一个庇护网结构。在家族观的影响下，农民的经济行为具有某种道德性；而后者则采取了与小农的道德经济学截然不同的解释，认为在某种程度上，农民亦进行成本收益的精密算计，他们的行为是建立在经济理性的基础上的。回到中国农民，我们实际上很难精确区分他们是属于哪一类的，在某些方面他们体现出道德的一面，比如注重亲情，强调互助；但同时，他们也表现出理性的一面，特别是近代以来的华北与江南的小农经济发展，足以显现出其精明与理性。因此，总体上，我们大概只能说中国的传统农民是兼具"道德"与"理性"的，只是在有些方面"道德"多一些，有些方面"理性"多一点，但绝不能片面地论断他们仅仅是理性的或道德的。就此而言，"利益即时满足的实利主义"无疑具有上述的片面性。不仅如此，对于革命中农民性格的阐释，尚有以下几点值得注意。

中国农民的性格特征，需要与一定的时代连接，因为它们更多是特定时期的农民反映，而不能笼统地进行描述。确实，中国农民有一些共性的、贯通的性格特征，如生存伦理、重视人情等，但更多的性格表现，是与特定的社会时段相连的，和平时期与变动时代的农民性格就有显著的不同。就以农民获利的时效性来说，且不论近代以来中国农民就有长期经营家庭农场的经验，即便是处在短暂和平期的陕甘宁边区，也涌现出吴满有等一大批致富先进，他们不断改进生产工具，提高生产效率，在贫瘠的土地上精耕细作，获得了丰硕的劳动成果，难道能说他们也是"饮鸩止渴"的即时满足型或不顾一切的冥顽吗？

农民性格特征与一定地域的生态、经济、文化等因素密不可分，因此说到农民性格一定是区域性的农民特性，且不说农民性格北方与江南不同，山陕与闽赣不同，即使是在同一块区域，也存在内部的细微差异，在陕甘宁边区，就存在革命环境的"延属生态"与"绥德生态"，尽管两地相隔不过百里。延安地区具体的生态状况使得乡村建设道路成为可行，全面的国家主义实施为地方自主留下了余地，而在绥德分区，国家主义的中央集权通常窒息了任何所谓的基层民主。[1] 如果放开眼界，在华北，小农不仅没有表现出急功近利，反而在有规划地经营农场，还在农闲之

---

① 【新西兰】纪保宁（Pauline Keating）：《组织农民：陕甘宁边区的党、政府与乡村组织》，载冯崇义等编《华北抗日根据地与社会生态》，当代中国出版社1998年版。

余以部分时间参与佣工，以补充小农场的收入。[①] 虽然张著主要聚焦于以江西井冈山为中心的中央苏区，但仅苏区的闽西与赣西之农民亦有区别，因此要得出"中国传统农民"在革命中的概括性性格特征，这种地域性的差异因素仍不能不察。

更大的问题在于，提出"农民利益即时满足"论断的前提是将革命中的农民作为一个整体看待，但这里无疑忽视了农民内部的分层与差异，有较多土地与财产的富农与有较少财产的中农不同，有少量土地的农民与一无所有的贫农又不同，即使是普通贫农，老实巴交、安分守己的贫农与好逸恶劳、无法无天的所谓"流氓无产者"也有不同，甚至单个农民自身在不同情境还会有这样那样的不同性格倾向，如果不仔细审视农民内部的差异，笼统地提出革命中农民的性格特征，就很难有说服力。事实上，就现有的研究看，以往"越穷越革命"的命题是存在疑问的，一般的贫苦农民，"保守、安分"毋宁说更是其主要的性格特征，而且千百年来的中国传统文化浸润，使其也具备相当的道德感，抑或"王法意识"，特别是对乡村土地、财产秩序已经形成了相当程度的认同感，在土地革命的初期，闹的最凶的，更多是游手好闲的乡村游民、流氓等"无产者"，大多数农民经常处于"等着瞧"的观望状态，心中对地主士绅仍保持几分敬畏或胆怯，即使是革命者将土地、财产分给农民，这些朴实的农民仍然战战兢兢不敢接受，有的甚至一看见地主过来，"手里的东西就不自主地

---

① 黄宗智：《华北的小农经济与社会变迁》，中华书局 1985 版。

往地上落"。[1] 这样的农民形象，怎么能都是"饮鸩止渴的冲动"，又怎么能概括为不计后果的"即时满足型"？

要言之，革命中的农民确实表现出"逐利"的一面，甚至有时候对利益的追求是急迫的，但这绝非农民性格的全部，要还原革命中的农民的真实性格，还必须加入时间、空间，乃至个人因素等变量，否则很可能以偏概全。

（二）动员农民的物质基础及其他

不可否认，"动员"构成了现代中国革命的核心要素，或者说"动员"构成了革命的主要技艺。张著分析农民性格，也意欲从社会文化中探求农民性格与革命运动的契合之处，由此我们不能不接着探讨农民与革命的"动员"问题。

结合了"农民利益即时满足"的特点，张著认为中央苏区的革命动员，最重要的是"找准党的利益、革命利益与农民利益的平衡点"。[2] 换言之，农民是天生的务实主义者，"你不给他指明哪里有面包，他是不会跟着你走的"。从表象看，这样的分析不无道理，也符合唯物主义经济决定论的一般认识，但是仍然失之简单化。革命中物质利益的需求当然是客观存在的，但仅以此作为革命的解释，并未全面地反映历史的真实。人作为一种特殊的存在，并非仅仅以物质为唯一目的，价值、意义等同样也是人所追求的目标，以物质性"利益满足"为唯一解释，

---

[1] 林伯渠：《林伯渠文集》，华艺出版社 1996 年版，第 371 页。

[2] 张宏卿：《农民性格与中共的乡村动员模式——以中央苏区为中心的考察》，中国社会科学出版社 2012 年版，第 233 页。

无疑将人性降低到了单向度的"动物性"，这显然与历史的真实不符。

黄金鳞认为，我们不能对革命的发生进行任何跳跃的和单一的解释，历史的复杂度远比单一的因果分析来的丰富、难解。他研究了"革命中的身体"，认为现代国家通过学校和家庭，也通过"会所"、训练营，和各种以身体肌肉、姿势、卫生、技能及意识作为对象的活动，以实现对个人身体的领导和征服。具体到苏区，有时是通过竞赛、训练、组织化活动等方式实现的，有时是通过有效的游说、群众压力来进行，有时则借助妇女会、儿童团、少先队等组织来实现，总之，通过政治化、义务化与使命化身体的趋势，在翻转既有的权力秩序时，让身体感受过去没有的欣喜与愉悦，从而使民众参与革命成为经由身体内化的自觉，而不是命令、强迫。[①]通过外在身体的"驯化"，达到对革命内在的认同及参与。同时，也需要看到，农民在乡村社会环境中的生存性需求，如果不参加，就有可能被排除到群体之外，从众性很强的农民参加到革命运动中，有时也不过是一种不得已而为之的"生存伦理"，却未必是出于一时之利的诱惑。

事实上，对于农民，仅仅依靠物质诱惑的革命动员往往并不是很成功。王才友对江西暴动的研究显示，对于贫苦百姓，虽然地方干部以"平产好耕获"来动员民众参与，结果却不理想，"谷价又低便奚若，租粮税债都没却"，还是难以获得民众的信任；

---

① 黄金鳞：《政体与身体——苏维埃的革命与身体，1928—1937》，台北联经出版事业公司 2005 年版，第 185、266 页。

对于与暴动无太大关联的自耕农来说，暴动队伍的焚杀和屡成焦土尸填壑的景象，更令其"深骇愕"。[①] 黄文治对鄂豫边黄麻地区的研究，则展示了仇恨驱动、土改型塑、反富农再动员等几种革命的动员模式，同样，农民的"贫苦"不是参与革命的主要原因，据亲历革命的郑位三回忆：黄麻地区群众生活与穷的地方比较并不是很苦，革命却起来了。其中关键原因是革命知识分子多，农民就容易发动。下乡的革命知识分子多出身地主、富农，接受新式教育，他们了解农民习俗，熟悉农民理解的语言，以串亲戚、交朋友、拉家常等方式，更容易宣传马列主义，因此也成为革命走向暴动的火种。更重要的是，革命知识分子十分娴熟地将阶级斗争统合已有的乡村散落的各式各样的矛盾与仇恨，而仇恨与怨愤才是暴动与革命的真正源泉。这一点，从《白鹿原》中大地主的儿子鹿兆鹏这一人物身上也可以得到验证。在鄂豫边区，除了物质利益外，中共利用节庆、群众集会、慰问、游说、命令，甚至胁迫、革命竞赛、摊派等策略加强民众动员。[②] 同时，对异类的惩罚也在一直警示民众，激情的背后是无处不在的凝视和恐惧，不服从组织动员目的的人，随时都有被划为富农成分的"反动分子"、"反革命分子"的危险。[③] 农民对"安全感"的需要，也

---

　　① 王才友：《被动与主动之间：江西暴动的策动与终止》，载《开放时代》2013 年第 3 期。

　　② 李金铮：《农民何以支持与参加中共革命？》，载《近代史研究》2012 年第 4 期。

　　③ 黄文治：《山区"造暴"：共产党、农民及地方性动员实践》，载《开放时代》2012 年第 8 期。

构成革命动员的重要内因，"农民所谋求的是得到保护而不全是为了抗日，农民有时恐惧的不是日本侵略者，而是中国的游匪。"[①]还有些研究认为中共在农民中推行民主，为他们提供了平等、权利、尊严等，同样构成农民进入革命的重要因素。[②]可以说，正面的激励、诱导与反向的威慑，以及内在的安全需求等因素，共同构成了革命动员的技艺。这些都反映出农民本身，以及革命中动员的复杂性。虽然在后续的分析中，张著也照顾到革命合法性塑造、强有力的政府和培育积极分子队伍等动员机制，但相关的解释仍不够全面与客观。

尽管存在诸如上述的问题，但张著经由此研究将我们对中国革命与农民的思考带入了文化与心理的层面，仍不失为一种新的突破。这不仅有助于我们重新思考中国革命本身，同时藉由对中国农民的深入理解，也有利于思考当下中国社会与中国农民，进而科学地策划未来。但这些都需要建立在对中国农民性格理性与客观研究的基础上。

---

① Lucian Bianco，Peasant Movement in Twentieth Century China，ME Sharpe，2000.

② 李金铮：《农民何以支持与参加中共革命？》，载《近代史研究》2012年第4期。

第三章　早期法制实践的政权基础▪▪▪▪

一、工农政权：苏维埃与工农兵代表会议

（一）中共革命对苏维埃的理解

在当时中共的思想观念中存在一个基本的信条，即世界是以阶级来划分的，苏联则是世界无产阶级唯一的祖国，因此当之无愧地成为世界共产党的中心，世界各国共产党的存在与苏联密切相关。保卫苏联，也就是保卫中国革命。苏联不仅神圣不可侵犯，而且也应当成为各国共产党革命效仿的楷模。不仅政党要按照全联盟共产党（布尔什维克），简称联共（布）的形式来组织，而且各国革命的名称也要按俄国革命的形式，称之为苏维埃革命。

"苏维埃"是俄文"Cobet"的汉语音译，意即"代表会议"或"会议"，之所以成为特有名词，则是因为1905年俄国革命时出现过一种由罢工工人作为罢工委员会而组织起来的代表会议，被简称为"苏维埃"。由于具有工人起义机关和工人自治政府的双重性质，很适合共产党人用来领导工人对政府的斗争，因此在俄国1917年十月革命时再度出现并成为与议会和政府相抗衡一种革命

斗争机关。最终，俄国的布尔什维克党就是利用它领导了反政府暴动，并在革命胜利后将其作为政府最高权力机关的代名词，以便于贯彻阶级专政的目的。把苏维埃这一革命形势具体运用到中国来，则是1927年11月21日中共党员彭湃在广东省海丰县成立的海陆丰工农兵苏维埃政府，这是中国第一个苏维埃名义的地方政府。然而，彭湃的做法显然违背了1927年9月19日《关于"左派国民党"及苏维埃口号问题的决议案》的精神："当（广州、长沙）这些中心地点没有被革命暴动占据以前，在小县城里面要坚决地拒绝组织苏维埃"，以免失掉苏维埃政权所应具有无产阶级领导的"真意"。[①] 因此，真正让共产党人相信中国的苏维埃革命阶段已经到来的是广州起义。1927年12月11日，中国历史上第一个真正意义上的苏维埃政府广州苏维埃宣告成立。广州苏维埃政府成立后，立即发布《广州苏维埃宣言》，公开明确宣告中共放弃国民党的旗帜，走苏维埃的道路——中共"八七"会议对政权组织"还只限于宣传苏维埃"，"不提出组织苏维埃的口号"，主张"组织革命的工农暴动于左派国民党旗帜之下"。[②] 广州苏维埃政府设主席1人，主席以下设人民内务、肃清反革命、劳动、土地、外交、司法、经济、海陆军等8个委员会，并设有秘书长、工农红军总司令、总参谋等。政府组织形成完全按照苏

---

① 中央档案馆编《中共中央文件选集》（第3册），中央党校出版社1989年版，第371页。

② 《中国共产党的政治任务与策略的议决案》，转引自卓帆：《中华苏维埃法制史》，江西高校出版社1992年版，第9页。

联模式建成，而且与 1931 年 11 月成立的中华苏维埃共和国临时中央政府是非常相似的。

广州起义的迅速失败，使中共计划在中心城市建立苏维埃政权的尝试化为泡影。再度夺取中心城市已在两年半之后的 1930 年 7 月 30 日，彭德怀领导的红三军团占领长沙城，成立湖南省苏维埃政府。湖南省苏维埃政府成立后即宣布了苏维埃政纲，颁布了《暂行劳动法》和《暂行土地法》等法规，同时成立肃反总司令部，镇压叛徒和反革命分子；组织没收委员会，没收反革命分子和土豪劣绅的财产。但是，此次占领于 8 月 6 日红军部队和工农武装全部撤出长沙而宣告结束。随后，中共开始确立了"农村包围城市，武装夺取政权"的革命方针。大多中共建立的农村革命根据地已开始普遍称"苏维埃"。只不过由于中共中央始终坚持把苏维埃与中心城市及其产业工人阶级相联系，而不肯把这种自发建立在农村中的苏维埃看做真正意义上的苏维埃，因此，各个农村根据地迟迟未能形成一个统一的苏维埃政权机关。1930 年上半年，在湘、鄂、赣、闽、粤、皖等省有 18 个区域 127 县成立了拥有 1400 多万群众的苏维埃政权，鉴于各地农村苏维埃已经存在的事实，1930 年初共产国际远东局就已经提出要召开全国苏维埃代表大会的问题，而 1930 年 2 月 4 日，中共中央发布的第六十八号通告《关于召开全国苏维埃区域代表大会》特别在"苏维埃"三字后面加上"区域"二字，以强调这些代表只是代表那些有着苏维埃形式的根据地。远东局对此提出异议后，中共中央才一度加以修正，改称为"中华工农兵会议（苏维埃）第一次全国代表大会"，但还是特意加上了"准备委员会"的字样，以示这一会议并没有选举产生真正意义上的全国苏维埃政权的资格。而当5月20日这次会议于上海秘密召开时，中共中央因担心"准备委员会"仍会引起与会者误解，故仍旧改回称"苏维埃区域代表大会"。对此，远东局尖锐地提出了批评。此次会议虽然讨论通过了《全国苏维埃区域代表大会宣言》和《目前革命形势与苏维埃区域的任务》《苏维埃的组织法》《劳动保护法》《暂行土地法令》《红军及武装农民扩大计划》等重要决议，以及许多文告。但当时尚未有建立中央政权的想法，在李立三"左"倾错误指导思想下，中共中央仍旧认为中共革命当是"城市中心"，中央政府一定要设在武汉，至少也是长沙或南昌等中心城市。

10月间，共产国际在《共产国际执委会给中共中央关于立三路线的信》中最终对中国苏维埃革命的特点做出了一种全新的解释：中国革命虽然不出苏维埃革命的范畴，但具体形式将区别于俄国革命，中国革命必须走一条相反的道路，即"必须在暂时还不是苏区的地方，发展农民运动，发展游击战争，用农民风潮底铁围来包围当地的城市，以及大城市和最大的城市。"[1] 共产国际的指示根本上扭转了中共中央以往对苏维埃革命中工人阶级成分和中心城市作用的迷信态度。随着1931年1月7日中共六届四中全会将王明推上台后，苏区和红军的工作得到了前所未有的重视和加强。11月7日，作为全国统一的苏维埃中央政府——中

---

[1] 中央档案馆编《中共中央文件选集》（第3册），中央党校出版社1989年版，第652页。

华苏维埃共和国临时中央政府在江西苏区的首府瑞金正式宣告成立，成为苏联政权在中国的翻版，以苏维埃为特征的这样一种政权和国家形式共存在了 1075 天。[1]

（二）苏维埃与工农兵代表会议

1927 年 11 月 9 至 10 日，中共中央临时政治局扩大会议通过了《中国现状与党的任务决议案》，即明确了"一切政权归工农兵士贫民代表会议，是武装暴动的总口号"。暴动胜利之时，要农民协会变为农民代表会议（苏维埃）。此后，革命根据地的政权组织形式开始由农民协会向工农兵代表会议转变。井冈山、广州、黄冈、麻城等地先后建立了工农兵代表会议的政权。1928 年 6 月 18 日至 7 月 11 日，中共六大在莫斯科召开，会议通过的《政治决议案》提出要建立工农兵代表会议政府，明确指出工农兵代表会议的政权，"是引进广大的劳动群众参加管理国事的最好形式，也就是实行工农民主专政的最好形式"。[2] 周恩来认为，"不管名词是否妥当，苏维埃是工农代表会议，它与资产阶级的议会制度是有原则区别的。……毛泽东同志发展了这种思想，把它发展成为中国的代表会议制度。"工农兵代表会议制度在南方各根据地内（湘鄂赣、闽西、赣南、赣东北、鄂豫皖、湘鄂西、左右江等）普遍建立起来。然而，工农兵代表会议名不副实，"许多

---

[1] 沈志华主编《中苏关系史纲：1917—1991 年中苏关系若干问题再探讨》，新华出版社 2007 年版，第 40—43 页。

[2] 刘政、程湘清等：《人民代表大会制度讲话》（增订本），中国民主法制出版社 1995 年版，第 17 页。

地方无所谓工农兵代表大会。……一些地方有了代表会，亦仅认为是对执行委员会的临时选举机关；选举完毕，大权揽于委员会，代表会再不谈起。名副其实的工农兵代表会组织，不是没有，只是少极了。……现在民众普遍知道的'工农兵政府'，是指委员会，因为他们尚不认识代表会的权力，以为委员会才是真正的权力机关。没有代表大会作依靠的执行委员会，其处理事情，往往脱离群众的意见，……委员会也很少开全体会，遇事由常委处决。"[①]为此，毛泽东明确提出党政分开："党在群众中有极大的威权，政府的威权却差得多。这是由于许多事情为图省便，党在那里直接做了，把政权机关搁置一边，这种情形是很多的。……党的主张办法，除宣传外，执行的时候必须通过政府的组织。国民党直接向政府下命令的错误办法是要避免的。"[②]1934 年 4 月 10 日毛泽东在《乡苏怎样工作？》中就乡苏维埃，尤其是乡苏主席团、代表会议等如何工作提出了明确意见，为工农兵代表会议的贯彻推行提供了具体方向。[③]随着 1931 年 11 月 7 日江西瑞金叶坪村举行的"第一次全国工农兵代表大会"——又称"中华苏维埃第一次全国代表大会"的召开，工农兵代表会议制度成为中华苏维埃共和国最基本的政治制度，工农兵代表会议也成为中华苏维埃

---

① 周恩来：《关于党的"六大"的研究》，载周恩来：《周恩来选集》（上卷），人民出版社 1980 年版，第 161 页。

② 毛泽东：《井冈山的斗争》，载毛泽东：《毛泽东选集》（第一卷），人民出版社 1991 年版，第 71–73 页。

③ 毛泽东：《乡苏怎样工作？》，载中共中央文献研究室编《毛泽东文集》（第一卷），人民出版社 1993 年版，第 343–359 页。

共和国的最高权力机关。

工农兵代表大会（全国苏维埃代表大会）具体包括乡（市）、区、县、省和全国五级。全国苏维埃代表大会是中华苏维埃共和国的最高政权机关，实行"议行合一"。凡年满16岁以上的苏维埃共和国公民皆有苏维埃选举权和被选举权，直接选派代表参加各级工农兵代表大会，讨论和决定一切国家的地方的政治事务。代表产生方法是以产业工人的工厂和手工业工人农民及城市贫民所居住的区域为选举单位，符合条件的选民按一定比例直接选举产生乡工农兵代表大会代表，组成乡工农兵代表大会，并选举产生乡苏维埃政府组成人员。区、县、省工农兵代表大会，均由下一级代表大会按一定比例选举的代表组成，并产生区、县、省苏维埃政府组成人员。中华苏维埃全国代表大会由各省工农兵代表大会所选举的代表组成，并选举产生中华苏维埃共和国中央政府组成人员。代表须按期向其选举人作报告，选举人无论何时皆有撤回被选举人及重新选举代表的权利。

为保证政治民主权利的真正落实，1930年9月26日颁布的《中国工农兵会议（苏维埃）第一次全国代表大会苏维埃区域选举暂行条例》共五编，依次为原则、选举权、苏维埃区域、反动统治区域、附则，对选举的代表名额、选区划分、程序等均作出具体规定。自1931年11月到1934年1月，中央苏区还先后进行了三次民主选举。同时1931年11月中央执行委员会专门颁布《中华苏维埃共和国选举细则》共8章55条，对选举权和被选举权、选举机关、选举手续、选举经费等做出明确规定。尽管如此，《中华苏维埃共和国宪法大纲》（下称《宪法大纲》）关于选举的规定也体现出明显的阶级导向性。在民主选举中强调明确的阶级路线，以促成阶级分化，建立真正的工农政权苏维埃，正如《宪法大纲》第 4 条所规定的，"中华苏维埃政权在选举时，给予无产阶级以特别的权利，增加无产阶级代表的比例名额。"同时，在选举权与被选举权的赋予上，对封建地主和作为"农村资产阶级"的富农、大中小资本家、剥削者本人与其家属、剥削者和为剥削者服务的人等全部未加区分而一概剥夺，不利于在战时争取到一切可争取的力量。

第二次全国苏维埃代表大会后，中华苏维埃中央政府增设了中央执行委员会主席团和审计委员会，与中华苏维埃代表大会及其执行委员会、人民委员会、最高法院共同构成苏维埃国家政权机关。中央执行委员会是全国苏维埃代表大会闭幕期间的最高政权机关，人数不超过 585 人，全体会议每 6 个月召开一次。中央执行委员会负责颁布各种法令，审核和批准一切关于全国的政治经济政策和国家机关的变迁。中央执行委员会闭会期间，选举的主席团为最高权力机关。人民委员会、最高法院、审计委员会，是中央执行委员会下属行政机关，分别独立承担行政、司法和审计监督职责，以实现权力制衡和相互监督。人民委员会下设外交、军事、劳动、土地、财政、司法、内务、教育、工农检察和国家政治保卫局等 9 部 1 局。

根据 1931 年和 1933 年中华苏维埃临时中央政府先后颁布的《中华苏维埃共和国划分行政区域暂行条例》《苏维埃地方政府的暂行组织条例》《中华苏维埃共和国地方苏维埃暂行组织法（草

案）》，中华苏维埃地方政权机构统一分为省、县、区、乡（市）四级。地方苏维埃在省、县、区一级由大会选出的执行委员会行使行政权，乡和市不设执行委员会，由大会主席团主持经常性工作，后又补充增加5万居民以上的市设执行委员会。至1935年11月，全国范围内建立过江西、福建、闽赣、粤赣、赣南、湘赣、湘鄂赣、闽浙赣（原赣东北省）、鄂豫皖、湘鄂西、川陕（后成立西北联邦政府）、闽东（特区）、湘鄂川黔（省革命委员会）、陕甘边（特区）、陕北和大金等省级（或相当于省级）苏维埃政权，先后共出现过300多个县级苏维埃政权。此外，中央还有4个直属县，即瑞金、西江、长胜、太雷。乡、市苏维埃政权是基层政权组织，每个公民都成为有组织的工农兵士贫民。苏维埃依托以上地方政权组织可以使一切革命工作深入群众中去，群众对苏维埃的意见也容易反映上来。在苏维埃政府机关内，人员比较精干，办事效率高。临时中央政府各部含部长在内，一般只有3~5人，个别大的部也只有8~9人。人民委员会每次召开常会，少则半天，多则一天。所议事情，议而有决，决则必行，贯彻落实迅速而有效。乡苏维埃政府只配备不脱产的工作人员3人，城市（县苏维埃政府所在地）苏维埃政府19人，区苏维埃政府15人，县苏维埃政府25人，省苏维埃政府90人。这就是中共革命初期对苏维埃的理解，以及在中共革命实践中对苏维埃的模仿性实践。

二、普选运动：从苏维埃到参议会的尝试

　　翻身，……对于中国几亿无地和少地的农民来说，这

意味着站起来，打碎地主的枷锁，获得土地、牲畜、农具
和房屋。但它的意义远不止于此。它还意味着……废除委
派村吏，代之以选举产生的乡村政权机构。

——韩丁《翻身》①

　　选举是现代民主政治的核心，选举的优劣很大程度上影响着
民主的质量。人民民主是中国共产党历来的追求，中央苏区的苏
维埃，就是中共早期民主的典型实践。"苏维埃政权把成千上万
座最好的建筑物一下子从剥削者手里夺过来，就使群众的集会权
利更加民主百万倍，而没有集会权利，民主就是骗局。非地方性
的苏维埃的间接选举使苏维埃代表大会易于举行，使整个机构的
开支小些，灵活些，无产阶级的民主要比任何资产阶级的民主要
民主百万倍，苏维埃政权的民主要比最民主的资产阶级共和国要
民主百万倍。"② 在中央苏区的才溪乡，民主选举不仅是乡苏报
告工作、投票等，还通过墙报等形式，发动人民群众对干部进行
批评，受墙报批评的有20余人，群众批评他们只知道自己找生活，
不顾群众利益，工作表现消极。选举中召开工会、贫农团、妇女会、
互济会等多种会议，③ 进行选举宣传，动员革命工作，民主选举

---

　　① 【美】韩丁：《翻身——中国一个村庄的革命纪实》，北京出版社1980年版，
第4页。

　　② 中共中央马克思恩格斯列宁斯大林著作编译局编译《列宁全集》（第35卷），
人民出版社1985年版，第249页。

　　③ 中共中央文献研究室编《毛泽东文集》（第一卷），人民出版社1993年版，
第326页。

运动发扬了工农民主权利，激发了革命热情。它遵循了马列主义的民主理论，马克思认为"议事"与"行事"由不同的机构来做，是一种不民主的制度，这样使议事机关没有得到真正的权力，它是资本主义议会的一种欺骗，一种民主的假象。[①] 在马克思民主理论的基础上，列宁对俄国苏维埃的设想，正是对资产阶级议会制的反动，"（俄国）解散了资产阶级议会，建立了正是使工农更容易参加的代表机关，用工农苏维埃代替了官吏，或者由工农苏维埃监督官吏，由工农苏维埃选举法官。它是无产阶级的民主，是对穷人的民主，不是对富人的民主。"[②] 全权性、议行合一是苏维埃的典型特征，更重要的是其独特的代表制，它更强调代表了来自底层的工人与农民。因此，中央苏区的苏维埃是一种工农民主制的形式。

中共领导下的民主，到了延安时期，发生了大的转变，从工农的苏维埃转向了联合多个阶级的普选的议会式民主。1937年延安以普选[③]为中心的民主化实践，是贯彻了群众路线的一种自上而下的，有规划、有组织，甚至是"手把手"详细传授的民主方式。同时，由于抗战的现实需要，又形成了一个更加开放的，也更具包容性的民主选举体制，因此也成为延安"新民主"的突出代表。

---

① 刘星红、刘小楠、袁小牧编《蔡定剑访谈录》，法律出版社2011年版，第81页。

② 中共中央马克思恩格斯列宁斯大林著作编译局编译《列宁全集》（第35卷），人民出版社1985年版，第250页。

③ 陕甘宁边区时期，进行了三次选举，分别是1937年、1941年、1945年，选择1937年，是因为时值全面抗战伊始，国共合作后陕甘宁边区又面临改制，内外环境更为复杂，选举有多样化目的与作用，因此凸显此次选举不同寻常之处。

已经有不少研究涉及陕甘宁边区时期的选举，在国内，宋金寿、李忠全在论著中全面考证了延安三次民主选举的运行过程，并总结了选举的经验与特点，是系统研究陕甘宁时期延安选举的早期成果。王颖分析了三次选举运动的运行情况，总结了选举制度特点。① 陈先初从政治史、革命史的角度论述了抗战时期中国共产党民主建政的历史，考察了全面的民选制度、政权组织中的"三三制"，以及为老百姓谋利益的"帮忙政府"，其论述展开的基点是夺取抗战胜利及推进中国革命。② 巩瑞波的研究则有所深入，将陕甘宁边区的民主进程凸显在"乡选运动"中，考察了在边区政府具体指导下的乡选，以及普通民众的参选热情，借此提出其对当地中国基层民主的某些启示意义。③ 海外学者对此也有关注，赛尔登发挥了微观史研究的长处，细致考察1937年延安选举的宣传动员和选举过程，并将其放在世界民主发展的大格局中，比较了延安民主与西方民主的异同。④ 相关研究尽管十分丰富，个别成果也相当深入，然而仍留下不少问题。以往的研究方法，尤其是国内学者的研究大致可以归入革命史等传统史学范畴之内，

---

① 参见宋金寿、李忠全：《陕甘宁边区政权建设史》，陕西人民出版社1990年版。全面的分析与综述参见江静：《陕甘宁边区选举研究综述》，载《北京党史》2007年第6期。

② 陈先初：《抗战时期中国共产党民主建政的历史考察》，载《抗日战争研究》2002年第1期。

③ 巩瑞波：《陕甘宁边区的乡选运动及其对我国基层选举的启示》，载《理论导刊》2011年第5期。

④ 【美】马克·赛尔登：《革命中的中国：延安道路》，魏晓明、冯崇义译，社会科学文献出版社2002年版。

这种方式的长处是善于从宏观、整体的角度去把握、分析历史现象，但却很难见到历史中的细节，特别是小人物的身影或心态。大多数强调阶级行动，而不考虑村民的内向闭塞性。[①]也即是说，作为阶级的农民，共性描绘有余，而个性描绘不足，但有时个性恰恰很重要。作为选举主体的农民，当然不能不给以相当关注。当然，在研究视野上，仅仅将其作为中国革命史的部分，而未能将其放置在近代以来世界革命的浪潮中去分析，也很少能充分地从世界民主发展的历程中去比较考察1937年延安的普选运动，因此也使得研究的角度与结论延展性不足，难以与世界各国的民主化进程研究形成对话，更不足以对今日中国的民主进步做出历史经验的阐释，以及更好地认识其对当代中国基层民主发展道路的镜鉴作用，进而提供特有的智慧资源，同样有缺憾。为了更全面地认识1937年的普选，首先需要考察其背景。对背景的考察，还不应仅仅局限于抗战的政治背景，更需展示当时的经济、教育、文化等背景，并在概述选举过程的基础上，借鉴"反向民主化"的理论，提出对延安普选运动的一种新解释，并试图回答落后条件下的民主推进何以成功。当然，中国共产党在早期对政治民主的艰辛探索，也理应成为当代民主化可资取鉴的一种历史经验。

（一）普选运动背景过程

1. 普选运动的具体背景

1937年日本侵华战争爆发，历时8年的全面抗战开始。此时，

---

① 【美】黄宗智：《华北的小农经济与社会变迁》，中华书局1985年，第25页。

在中国国内，南京国民政府刚刚准备结束训政而开始的民主宪政，因此而停滞。而这一停顿，在中国共产党人看来，无疑大大影响了抗战的局势，"目前华北、上海各地战争的失败，并不是由于中国无力抵抗，不能抵抗，主要原因是由于国民党南京政府，还不愿实现我党所提的抗日救国十大纲领，去发动四万万五千的民众，都自动的积极的起来参加抗战，参加政府工作，还在限制民众有组织与武装爱国的自由，因此只有政府军队单面的抗战，不是全面的全民的抗战"，因而提出"没有民主是目前抗战受到失败的主要原因"。[①] 这一点也被当时延安的来访者所认识："这一切的完成必须有一个目标，加强贫困和落后地区的战力。为着这样，必须使这些地区里的组织完善和富有热忱的民众来弥补武装力量的不足；在同一个时候，使人民比他们在污秽和悲惨的世纪里更有希望和更满意于他们的命运。……人们被动员起来反抗的只有二个敌人——日本进犯者和他们自己老朽的政治和社会的落后性。简单的，实际的口号，由原始的但往往是灵巧的群众运动传布到了全国。增加生产，促进合作事业，完成丰衣足食、拥军，改进健康水准。"[②] 因此，在延安这片中国共产党领导的抗日敌后战场，为了更好地展开抗战，就需要充分发挥民主，调动各方面的力量，形成团结抗日的局面。这一系列目标当中，全面推行

---

① 陕西省档案馆、陕西省社会科学院合编《陕甘宁边区政府文件选编》（第1辑），档案出版社1981年版，第33页。

② 《红色中国的挑战》，载孙照海编《陕甘宁边区见闻史料汇编》（第二册），国家图书馆出版社2010年，第36—38页。

选举，筹备建立正式的民主的政府就成为当务之急。"这种政府实行何种制度呢？实行民主制度。实行普遍、秘密投票的选举，开始时或者还应采取复选制，凡男女公民年满十八岁无精神病者均有选举权与被选举权。"[①]事实上，也只有实现普遍选举的民主的政府，才能发动最广泛的民众积极地投身抗战，也才能真正实现全面的全民的抗战，抗战的最终胜利才有根本的保障。因此，毋宁说普选运动最初是服务于全民抗战的总体局势，被用来更好地动员广大民众的抗日热情而推行的，这也成为延安实施民主普选运动的最重要的背景。此外，不能忽视的一个背景是，西安事变后，国共关系出现了新变化，陕甘宁边区的政治地位开始转变，此时中国共产党也需要通过民主选举的方式确立边区的合法性地位。[②]

但是，作为民主政治重要一环的选举毕竟与社会经济发展分不开，甚至可以说"经济水平与经济发展是宪政实现的必要条件"[③]。因此，二十延安普选运动的经济社会背景，也不能忽略。在经济方面，20 世纪 30 年代，战乱与灾荒在延安所在的陕甘宁

---

① 刘少奇：《刘少奇选集》，人民出版社 1981 年版，第 88-89 页。

② 这一点，也可从选举、抗战与国共和谈的时间逻辑关系中看出，1936 年 12 月"西安事变"和平解决，对西北苏区改制的中共陕甘宁特区委员会于 1937 年 2 月成立，5 月 2 日至 14 日，中共中央在延安召开党的全国代表大会，直接推动选举的"选举条例"制定于 1937 年 5 月 12 日，7 月全面抗战爆发，9 月国共合作协议达成，西北苏区改制为陕甘宁边区，属于国民政府的一个直辖行政区域。因此作为促成普选的因素，抗战虽极为重要，但国共之间的竞争与博弈关系亦不容忽视。参见梁星亮等：《陕甘宁边区史纲》，陕西人民出版社 2012 年版，第 96-103 页。

③ 薛小建：《中国社会转型的法律基石：1982 年宪法的历史地位》，载《中国法学》2012 年第 4 期。

边区频繁交替，致当地经济极端落后。以陕北为例，当时《西京平报》报道：陕省省情特殊，全省农村几无一县能称富庶，近十年来几乎无年不遭灾荒，且贫困日久，农民多需要信用放款以维持生计。[①]农村历年来遭天灾兵燹的摧残，贫农小农居绝大多数，此辈之田产有限，收获甚微，除供其举家食用外，所能出粜之部分，当更细小。[②]据1933年南京国民政府行政院的调查，当时各类农户中地主、富农、中农都很少，贫农增加。贫农户数最多，1928年有197户，1933年为202户。又因生计所迫，富农、中农和贫农全有土地押出；1928年和1933年两年都以贫农为最多，1928年贫农押出182.5垧，1933年押出299.5垧。以绥德为例，因多山地，而且每单位地上的耕作人数是渭南或凤翔的一半，所以耕作人员负担较重。[③]土地分配极为分散，未形成规模化经营，据当时的调查，土地多的农家，人数也越多，但就是根据人数和所有耕地的百分比来观察，也同样看到所有权分配的不平均。一百亩以上的地算是大所有地，不过其占耕地总数的28.8%，其余71.2%的耕地，都属于中小地主所有，所以大体上说，陕西所有地的分配是零碎的。[④]这样农村土地经营的零散化，导致单位生产率的低下，普通农民的生计窘迫可以想见。生产落后之外，各种苛捐杂税更

---

① 《农贷与银行》，载《西京平报》1938年6月4日。

② 《论收买新麦问题》，载《西京平报》1938年5月3日。

③ 行政院农村复兴委员会：《陕西省农村调查》，商务印书馆1934年版，第80—84页、第133页。

④ 熊伯衡、王殿俊：《陕西省土地制度调查研究》，国立西北农学院农业经济系印行1941年，第6页。

是令民众生活雪上加霜：

> 最为人民所痛恨的，使人民不能喘息过来的是当时的苛捐杂税，就以临镇区为例，土地革命前的一年至1934年有些什么款项呢？一位曾经积极参加过抗款运动后来被推为抗款运动领袖的刘大才告诉我们以下的数目：
>
> 维持费三月一次，每次八百五十元，全年三千四百元。
>
> 团费一月一次，每次九十元，全年一千零八十元。
>
> 灯捐六月一次，每次八十元，全年一百六十元。
>
> 烟款每亩二十五元，全区二百一十亩，附加三十亩，全年为六千元。
>
> 借款（其实是有借无还的）一千二百元。
>
> 印花税每月七十元，全年八百四十元。
>
> 棉衣费一百五十元。[1]

延安等地民众在1937年前后的经济状况已如上述，正是由于当时如此落后的经济状况，当地农民的受教育情况亦不容乐观，"边区人民的文化程度，则因历史的、地理的和社会的种种条件，却十分落后。根据三年前（1936年）的估计，边区文盲占全人口百分之八十以上。"[2] 据李维汉回忆："反映在文化教育上，就是封建、文盲、迷信和不卫生。知识分子缺乏，文盲达99%，学

---

[1] 陕甘宁边区财政经济史编写组、陕西省档案馆编《抗日战争时期陕甘宁边区财政经济史料摘编》（第七编·人民生活），陕西人民出版社1981年版，第16页。

[2] 陕西师范大学教育研究所编《陕甘宁边区教育资料》（社会教育部分·下），教育科学出版社1981年版，第140页。

校教育，除城镇外，在分散的农村方圆几十里找不到一所学校，穷人子弟入学无门；文化设施很缺，人民十分缺乏文化生活；卫生条件极差，缺医少药，人畜死亡率极高，婴儿死亡率达60%，成人达30%，全区巫神多达两千人，招摇撞骗，为害甚烈。人民不仅备受封建的经济压迫，而且吃尽了文盲、迷信、不卫生的苦头，人民的健康和生命得不到保障。"[1]林伯渠在陕甘宁边区第一次参议会的报告中对此也有描述："学校稀少，知识分子若凤毛麟角，识字者亦极稀少。在某些县如盐池一百人中识字者有两人，再如华池等县两百人中仅有一人。平均起来，识字的人只占全人口的百分之一。至于小学，全边区过去也仅有一百二十个，并且主要是富有者的子弟。整个边区的中学生是屈指可数的。社会教育简直是绝无仅有的事。"[2]不仅如此，边区民众中的一些落后观念还阻碍文化知识的传播，拒斥文化知识学习的现象广泛存在，受教育甚至成为一种"被强迫"的过程。在靖边县清坪区三乡举办的一次"冬学"中，第一天强迫动员四个学生到校，第二天就跑了两个。群众反映说这是"瞎胡闹"。个别家长送子弟入学时"痛哭流涕"，并将入学看作和当兵一样的"公差"，于私无益。[3]在这样的情形下，普通民众对于普选这样的政治活动抱有一定的

---

① 李维汉：《回忆与研究》（下），中共党史资料出版社1986年版，第566页。

② 陕西省档案馆、陕西省社会科学院合编《陕甘宁边区政府文件选编》（第1辑），档案出版社1986年版，第142页。

③ 陕西师范大学教育研究所编《陕甘宁边区教育资料》（社会教育部分·下），教育科学出版社1981年版，第280页。

漠视甚至误解都是存在的，普选之前的延安社会与现代民主所需要的公民社会（civil society）[①]更是存在不小的差距。上述这些因素，也成为边区推行普选运动必须面对的不利条件。

2. 普选运动的推行过程

陕甘宁的普选运动是在中国共产党的直接领导下展开的，于1937年夏正式开始推行。为了顺利推进选举，正式选举活动开始之前，中国共产党及其领导的陕甘宁边区政府进行了一系列准备工作，因而使选举成为一种自上而下推行的，有缜密组织和安排的活动。1937年5月12日，边区前身——西北办事处行政会议依照中国共产党中央致国民党五届三中全会的电报"在特区政府区域内，实施普遍的彻底的民主制度"的精神，制定了选举办法，即新的《陕甘宁边区选举条例》，初步确立了实行民主制度、保障选举活动的基本法律规范，[②]这一条例充分体现了"新民主主义"的精神，确立了普遍、直接、平等、不记名投票等选举的基本原则。此外，还成立了边区、县、区、乡四级的选举委员会，全面负责选举运动的各个具体过程。同年11月23日，中共陕甘宁边区委员会关于进行特区政府民主选举的指示，进一步指出："这次选举运动总的方针是，要使特区成为抗战与民主的模范区域，去影

---

① 公民社会意指国家与政府系统，以及市场和企业之外的所有民间组织和民间关系的总和，作为一个政治学的概念，体现为公民的公共参与与公民对国家权力的制约。参见俞可平：《中国公民社会：概念、分类和制度环境》，载《中国社会科学》2006年第1期。

② 《陕甘宁边区选举条例》，载《新中华报》1937年5月28日。

响与推动全国的民主运动，改造南京政府的政治机构，实行全面的全民族的抗战，以争取抗战的最后胜利。"[1]

各地选举委员会相继发起了宣传选举知识的群众教育运动，意在激发农民的政治热情，帮助了解选举知识。选举宣传自1937年7月即已开始，7月也被定为选举的宣传月。到了11月，根据各地宣传及反馈的实际情况，又颁布了《民主选举宣传大纲》，"大纲"着重指出了民主选举的重大意义："这次选举，是与我们全特区人民利益有着极密切的关系，政府代表的好坏，政府工作的好坏，都密切影响民众的利益，影响抗战的前途，所以全特区人民都应热烈地参加这次选举活动，不应有一个选民不到会。"[2]在宣传教育活动中，特别考虑到广大妇女的选举权利，为了让广大妇女也积极参与到选举当中，部分地区还以多种形式展开宣传，例如子长县群众编写了《乡选歌》，其中唱到："边区要发展，选举要广泛，选举好人把事办，生活能改善；人口四万万，妇女占一半，国事家事全要管，事情才好办；道理说明瞭，妇女觉悟到，宝娃快把门照好，妈妈当代表。"[3]边区各县、乡也利用标语、会议等多种形式，宣传普及了选举知识。这些选举前的准备工作，一方面使选举运动有法可依、有章可循；另一方面，也使得边区广大民众了解了选举的

---

① 1937年12月1日出版《党的工作》第48期，参见《陕甘宁边区史》（抗日战争时期上），西安地图出版社1993年版，第73页。

② 陕西省档案馆、陕西省社会科学院合编《陕甘宁边区政府文件选编》（第1辑），档案出版社1986年版，第33-34页。

③ 西北五省区编纂领导小组、中央档案馆编《陕甘宁边区抗日民主根据地》（回忆录卷），中共党史资料出版社1990年版，第468页。

重要意义，清楚了选举的具体步骤与程序。实际上，宣传和教育构成了选举中动员的最主要方式，配合民主、权利等目标，宣传教育这种柔性的动员方式也更为适当，中共中央的立场是希望这样的动员，"能经由有效的组织、游说和群众压力来进行，以建立群众靠拢革命的形象"。[1] 尽管普选运动是自上而下推进的，但动员的技艺可以使民主、权利的愿望内化为民众自身的诉求。

从 1937 年夏开始的民主选举运动，最初是从乡选举着手，关于选举的事宜由边区政府颁布了选举条例，从边区到乡上组织有选举委员会，专门负责领导各地区的选举工作，进行选民的登记与调查，然后开始乡级选举。[2] 乡选举是最为基层的选举，可以说，"村选（乡选）是直到边区参议会为止的整个制度的基础，由边区参议会选举政府。这真正代表了中国的一种革命。……在边区地主只是村子里的一个公民，和任何其他公民一样，只有一票选举权，因为最大多数选民是贫农或佃农，村议会和主席常从这些人中选出。"[3] 经过宣传和动员，民众参加乡选的积极性被调动起来，"在乡区县的选举日，选民参加者，一般是百分之七十到八十，个别区域还有百分之九十以上。许多妇女均热烈参加，对政府工作报告能提出讨论和批评，并提出很具体的提案。"[4]

---

① 黄金鳞《政体与身体》，台北联经出版事业有限公司 2005 年版，第 184–185 页。

② 鲁芒：《陕甘宁边区的民众运动》，汉口大众出版社刊行 1938 年版，第 44 页。

③ 【美】爱泼斯坦：《我所看到的陕甘宁边区》，载孙照海选编《陕甘宁边区见闻史料汇编》（第一册），国家图书馆出版社 2010 年版，第 227 页。

④ 鲁芒：《陕甘宁边区的民众运动》，汉口大众出版社刊行 1938 年版，第 46 页。

　　整个选举活动遵循严格的程序。选举开始前，首先是要依照选举条例确定选民的资格，并经选民大会确定候选人。共产党在候选人的确定中发挥重要作用，候选人名单分别由共产党组织、贫农团、青年抗日救国会、妇女抗日救国会等组织提出。由于地主、富农没有适当的组织，因此往往没有他们的候选人，极少数地主、富农分子和其他民主分子的候选人名单，一般由共产党组织提出，而且往往还需要向群众做工作，才能获得通过，到选举时仍然有很多落选的。[①] "选举条例"被严格地执行，选民的资格得到仔细地审查。据当时到延安访问的记者福尔曼的记述，每一位选民的资格都得到认真的审查，并在一定范围内公示。在他亲临的某一个乡村，"在六百二十个名字揭示在布告板上的未来选民中，只有三个名字不合格，这三人当中，一个是精神不健全者，其他两人则尚没有到规定的最低选举年龄。"[②] 民众积极地投入选举，行使着自己的权利，"对于选举什么人的问题，更是非常的关心与慎重的。这表现在当着候选名单公布以后，每个乡村都热烈地参加讨论，有的批评某人对革命不积极，某人曾经反对革命，某人曾经贪污过，某人曾经是流氓，某人曾吸食鸦片等等。有的选民公开涂掉其名字，有的则到处宣传某人的坏处。"[③] 在保安县，

---

　　① 梁星亮、杨洪、姚文琦主编，梁星亮等著：《陕甘宁边区史纲》，陕西人民出版社 2012 年版，第 96 页。

　　② 【美】福尔曼：《北行漫记》，燕赵社 1946 年版，第 90 页。

　　③ 中国社会科学院近代史研究所、《近代史资料》编译室主编《陕甘宁边区参议会文献汇辑》，科学出版社 1958 年版，第 18 页。

选委会成立后，在其领导下，以村为单位召开了选民大会，在大会上张贴了候选人的名单。在正式的选举中"候选人须一个个地立起来说明他们的政见"①，然后参选的选民可提出批评和建议，这种批评建议并不完全是形式化的、非自由的，而是充分自由地提出各种意见，当时访问延安的外国记者斯坦因曾这样描述所见："有六十个人群集在放着粗陋的桌子和长凳的大会场里，农人、地主、商人和士绅，像我在别处的会议中所见到的老式中国人一个样子。这是一个有训练、有生气的会议，参与会议的男人和女人在几年前还不曾想到过那闻所未闻的自动参加真正地方自治的事情。他们似乎在大大地享受着他们的新机会。使他们自己舒适，啜着茶，嗑着瓜子，抽着烟，他们毫不介意他们的那一种赞成或反对的自由谈话在打断着发言的人了。"②选举的形式不拘一格，有些甚至是非常"乡土化"的，画圈法、画杠法、画点法、烧洞法、背箱法等，不一而足。最为通行的是"豆选法"，主要适应延安地区农民识字率较低的社会实际。对于不识字的人以投豆子代替写选票，是很久以来就采用了的方法，在实践过程中又曾不断地改进和创造。具体实施中，每一候选人背后摆一个罐或碗，因事不能到会的候选人仍然给他们空出位子，位子后摆上碗，每只碗上都贴着候选人的名字，选民每人按照应选出的人数定豆子数粒，各人把豆子投入自己所要选

① 【美】福尔曼：《北行漫记》，燕赵社1946年版，第90页。
② 【英】斯坦因：《延安政治ABC》，载孙照海选编《陕甘宁边区见闻史料汇编》（第二册），国家图书馆出版社2010年版，第188页。

的那个人的碗中。在投豆子之前，先由监选人向大家说明每一个碗所代表的候选人。选民同意的则在其身后的碗里投一粒豆子，最后以豆多者当选。为了防止后来的投票者受到先前投票者的影响而不自觉地失去了自主性，因而用纸将碗都盖起来，让投票者从碗边上把豆子投进去。[1]选举实践中发展出这样的选举方式，看似简陋，但却是符合当时社会的实际的，并容易为农民所掌握。

以保安县的乡政府改选情形为例，经历了选前的宣传准备及选中的组织安排等细致过程。改选开始前，乡成立选委会，开始由各乡政府召集农民会主任及村主任开了关于民主选举运动的活动分子会议，详细传达与讨论普选民主运动的意义，并推选乡政府选委会，由五人组成，内设主任一人，成为选举的领导机关。为了更顺利地进行选举，还开展了广泛的宣传动员工作。在保安县，自各乡选委会成立后，宣传队就利用标语、口号等进行了广泛活动，深入人民群众中进行耐心的解释工作，不仅以村为单位召集人民讲演，而且还利用了院子和屋子会，使群众有了深刻的了解。宝安区、三台区、满朝区等各乡成绩最为显著，在选举开始时，人们受到汉奸的欺骗宣传而怀疑这次宣传，经过耐心的说服，不仅消除了人民的怀疑，而且更提高了人民对民主选举的热情。在淳耀县，宣传工作也得到重视，每个群众都对选举有了相

---

① 力民：《不识字的人就不能选举吗？》，载《新华日报》1946年1月24日，第4版。按该文日期所记，所述应指1945年的边区选举，但画圈法、豆选法是在历年选举的实践经验中形成的，这自然包括1937年的选举。

当的了解，特别是选举和目前抗战形势的联系。

在选举过程中，各级政府工作人员都被要求贯彻党的群众路线，发扬民主作风，过去那种"为民之上"不能与群众打成一片，一切都出之于简单的行政命令，不做耐心的解释说服工作的官僚主义都行不通了。取而代之的是密切政府与群众的关系，包括各级政府领导人的政府工作人员都应深入群众，主动听取意见，尊重群众利益。党的组织工作中也注重选拔最能代表群众利益，为群众所爱护的干部。[①]

正式会议的进行完全遵照选举条例的规定。在淳耀县，各乡开会时，由区选委会报告选举的意义及条例后，提出候选名单经大会通过。把候选名单发出，由选举人在名单上划圈，只有部分地方采取举手表决的办法。全区议员选出后，即开议员大会，各区到会议员均在十分之七左右，由主席作报告，提出候选名单，再由候选人报告自己的历史，最后经全体议员无记名投票选出区长。[②] 从边区部分地区的选举结果（详见表1）来看，抗战时期边区政府推行的"三三制"的民主原则得到了很好地贯彻。尽管工人、贫农、中农占了大多数，但商人、地主在有些区县也被选了出来。11月，乡选、县选全部完成后，开始进行边区议会的选举，经过各地直接选举或县代表大会选举，于12月选出边区代表500多名，进而组成了边区政府，推选林

---

① 中国社会科学院近代史研究所、《近代史资料》编译室主编《陕甘宁边区参议会文献汇辑》，科学出版社1958年版，第32页。

② 鲁芒：《陕甘宁边区的民众运动》，汉口大众出版社刊行1938年版，第52页。

伯渠为边区政府主席，选举结果于12月13日得到中共中央政治局批准。① 至此，历时近半年的陕甘宁边区第一次普选全部完成。

表1　固临、延长、安定、曲子四县选举结果（百分比）②

所级成分	工人	贫农	中农	富农	商人	知识分子	地主
县级	4	65	25	1	1	2	2
区级	4	67	22	2	1	2	2
乡级	5.6	71.4	17	2	2	1	1

（二）普选运动推行效果

普选运动实际上是迈向边区政府政治民主、人民自治的重要前奏，实现普选之后，人民的自治权才得以体现，对政府工作的监督也更为有效。第一，在普通民众看来，各级政府都是由人民自己选举出来的，每个人民可以自由选举他所信任的人到政府去负责。第二，政府的设施和工作，是在选民的监督下进行的。政府的重要决定，要经过人民的讨论，政府要定期向选民作工作报告，选民有随时撤换自己代表的权利。第三，政府经常留意人民的疾苦，帮助人民改善自己的生活。③ 不仅如此，经由选举，普通民众开始了对政府权力的制约。对政府工作的监督和制约，首先鲜明地体现在基层政权当中。对于工作不负责，人民不满意的政府工作人员，可以随时进行批评，重新选举或罢免的情形也不时发生。"按

---

① 梁星亮等：《陕甘宁边区史纲》，陕西人民出版社2012年版，第97页。

② 数据来源：《陕甘宁边区政府对边区第一届参议会的工作报告》，载陕西省档案馆、陕西省社会科学院合编《陕甘宁边区政府文件选编》（第1辑），档案出版社1986年版，第133页。

③ 鲁芒：《陕甘宁边区的民众运动》，汉口大众出版社刊行1938年版，第57页。

照边区自治的要求，乡政府分村向村民大会报告工作，请求批评，区、县以上政府，还得把报告登在报上，做得好，人人称赞，做得不好，就得受指责。人民是不客气的。政府负责人能否继续当选，就看这次讨论中人民对他的评论如何。"[1] 在选举的推进中，民众对政府及其工作人员的监督更为直接，也更为常态化。

民众不仅通过在会议上提出建议、批评行使民主权利，而且还在必要时直接罢免不负责任的政府工作人员。在宝安县的乡改选中，选民对政府过去的工作作了批评，并把过去工作消极的乡负责人洗刷出去了，三十四个旧乡长落选了十三个。[2] 曾经亲身经历选举运动的作家刘白羽写道："他们选举谁和罢免谁，绝对的有权利。比如，今年春耕的时候，在关中分区有一个西峪村村长，叫做路江胜的，他参加搭工组，不起作用，甚至还提出自己要另外耕地，退出搭工组。大家就开了个会，要他讲不参加的理由，当场罢免了他的村长职务。还有一个搭工组长任席匠，不负责任，组员发生问题不解决，有时候个别组员不上搭工组，也不追究，他们就开会批评了任席匠，还另外选了一个人代替这项工作。"[3] 这样，通过选举及其配套制度，人民的民主权利得到充分的发挥，政府及其官员权力受到更多的制约，一些不规范的行政行为大为减少。而且在这一过程中，特别是在乡选中，发扬了中国传统社会旧的民主习惯，"下层（乡

---

① 谢觉哉：《谢觉哉文集》，人民出版社1989年版，第356页。

② 鲁芒：《陕甘宁边区的民众运动》，汉口大众出版社刊行1938年版，第51页。

③ 刘白羽：《延安生活》，现实出版社1946年版，第33页。

村）则凡有土地的农民，都有说话的地步。'讲茶'哪，'点团'哪，'庙会公约'哪，共同决定就得共同遵守。"①可以看到，倾向于诉诸宗族商议或街谈巷议的"农民民主传统"②，经由制度化、组织化的民主方式，被更好地激发出来，并形成一种基层社会具有实际作用的力量，地方一定程度的民主自治才得以实现。

在各种行政性权力中，警察权是极为特殊的一种，如何在保障警察工作效率的同时又确保公民的合法权益，就涉及警察权与公民权的平衡问题。因此，警察权是否有所限制，公民权是否得到保障，就成为检验一个社会民主程度的试金石。在陕甘宁边区，考察警察权的演变，即可以感知边区民主带来的新变化。陕甘宁时期的延安，大多数村里没有正式的警察，多由自卫队来执行职务。自卫队是村民自己的武装团体，有一个公选的队长，由于有村选做基础民主，自卫队的权力受制于民选的村政府。这样，经由选举产生的基层政府对自卫队的权力形成了制约。另外，经历这样的民主选举运动，边区民众对于民主、自治有了全新的认识，对于民众和政府的关系也有了新的看法，自我的权利意识迅速提升。警察作为政府工作人员，警察权作为一种行政权力，当然会随着普通民众主体性权利意识的迅速增强而受到制约。普选之后，

---

① 谢觉哉：《乡市参议会怎样工作》，载《陕甘宁边区参议会文献汇辑》，科学出版社1958年版，第187页。

② 王斯福在北京大学的一次演讲中提到了"农民民主传统"，他将农村庙会中的种种行为、活动政治化，从人类学的视角，提出其包含了民主的因子，因而提出了中国农村民主的自生性问题。参见王斯福：《农民抑或公民？》，载《人类学与民俗研究》1996年第6期。

"警察制度不怎么明显，但是似乎防止的很好。……不断对地下反共力量的警惕好像解脱了那种足以产生不利于无辜人民的不分区别的怀疑和恐怖的歇斯底里因素。我也没有发现他们利用防御地下工作者做藉口而限制共产党员和非共产党员的政治思想的倾向。相反地，我看到一个惊人的仁慈和有希望的态度对待政治犯和别的反社会主义分子。"① 可以说，在几方面因素的共同作用下，旧时代野蛮、粗暴的警察作风得以涤除，边区警政迎来一股民主之风。边区的警察作风大为改观，旧时代那种极端腐败，欺压百姓的警政现象得到根本改观。② 由此，行政权力中最容易扩张的一支——警察权，得到了民主的驯化。

1937 年的普选也直接影响了浸润着延安特色的参议会制度。开始时，部分人士对普选的诚意持怀疑态度，认为赋予地主、资本家公民权，不过是"一个形式，甚至是假面具，所谓抗日民主制，在实际上将依然是个工农专政。"③ 但普选的结果却直接回击了这些疑问，在选后成立的参议会中，地主、富农、商人当选参议员的情况比比皆是。在乡市参议会，直接民权得到推行，居民有事，告诉自己的议员，议员议的做的，直接告诉居民或领导居民来做，

---

① 《动员群众篇》，载孙照海选编《陕甘宁边区见闻史料汇编》（第二册），国家图书馆出版社 2010 年版，第 367 页。

② 韩伟：《民主政治的兴起与警察权的规范化》，载《中国人民公安大学学报》2012 年第 4 期。

③ 中国社会科学院近代史研究所、《近代史资料》编译室主编《陕甘宁边区参议会文献汇辑》，科学出版社 1958 年版，第 17 页。

居民虽不每件事都直接去管,也和每件事自己去管差不多。①这样,在乡这样的基层一级实现了直接民主,而在区县的一级,则通过参议员代表民众行使民主权利。而且,由于参议员来源的广泛性,各个群体的利益、意见可以被充分地吸纳、融合,最终形成符合绝大多数人民民主利益的决策。

当然,此次选举的缺陷也不容忽视,1937年12月,陕甘宁特区党委的一份《对过去选举工作的检查》即承认②:

> 没有进行广泛的组织上的动员。党没有抓紧这次的选举运动,甚至还有忽视的倾向,认为那是选委会和乡政府的事情。宣传解释工作也不够,宣传队虽然做了不少工作,而且获得了一些成绩,但因为没有广泛的组织上的动员,宣传工作仍然不能十分深入,使得有部分群众对新政权的性质没有了解,一方面害怕豪绅地主的卷土重来,另一方面又不敢积极地参加选举。

> 对候选名单的马虎态度。在提出候选名单时,没有慎密地审查,提出后在群众中也没有进行热烈的讨论,以致有些好的分子落选,少数坏分子反而当选了。

> 在淳耀县,我们党没有起很大的作用,没有把党怎样领导民主选举运动在各支部及小组会议上进行详细的讨论,各党员没有在群众中进行广泛的宣传和动员工作,因此,

---

① 梁星亮等:《陕甘宁边区史纲》,陕西人民出版社2012年版,第179页。
② 中央档案馆、陕西省档案馆编《中共陕甘宁边区党委文件汇集:1937—1939》,1994年版,第105页。

群众对于选举大部分采取一种应付主义，自动的积极性非常不够，尤其是妇女参加很少。

在延长县，在选举名单中，还未完全保证了我们的候选名单，例如县工会的委员长白彦臣在三区选举时，选成了候补议员；白如高同志（县工会的组织部长）提出未当选，六区工会委员长，他们因为身体不好，不能参加县议会，也未选成议员。

对议员的组织很差，表现着散漫现象，如未能按时到会，每天都决定上午八时开会，实际到齐的九时多或十时，开会了还有未到会的议员。

（三）普选运动与人民民主

对权力来源的重新解说构成了现代民主政治的重要基础。一般而言，将权力建立在神权之上，君权神授，形成的是古代的君主专制政体；基于人权和个人自由，将政体建立在民主的合法性和选举之上，就构成现代民主政体。或者说，"现代政治是一种民主政治，民主政治又通常以选举参与为其首要特征。"[①]甚至可以说，"选举变成了民主的标志：争取民主就是争取选举权，争取扩大选举权"。[②]若按照现代民主的含义，普选当然不能一般性地代表民主的全部，但它无疑是民主的重要部分。谢觉哉在谈到边区的民主政治时说，选举和议会制度是民主的主要现象。虽说没有民主的实质，选举和议会可以成

① 张龑：《人民的生长与摄政的规范化》，载《中外法学》2012年第1期。
② 王绍光：《失而复得的民主利器：抽选》，载《开放时代》2012年第12期。

为空架子，但没有选举，没有议会，民主的精神将无所附丽，也就说不上民主。[①] 但是，1937年开始的延安普选，毕竟属于战时的民主运动，有着特殊的目的。解决抗战的需要是普选展开的首要目的，斯坦因即认为："他们的'新民主主义'，几乎谈不上纯粹苏联方式的共产主义，在新民主主义之下，延安已动员并实现了他们的作战力量。我觉得新民主主义毋宁说是近于英国的战时民主制。它有获得和平，也有赢得胜利的可能性。"[②]1937年的延安普选的确有着其特殊的背景，由过去的工农民主制向抗日民主制转变，赋予地主、资本家公民权利，不能说不与当时整个的抗战形势密切相关。但是，普选推进的民主大大扩展了民主的参与面，在一种运动式的动员下加速了民主的进程。而在民主进程中，这种参与尤为关键，"参与民主意味着很大一部分公民实际参与政治，尤其是被支配社会集团的参与。它不仅依赖制度工具，也依赖社会运动。"[③] 因此，这种运动的方式不仅是抗战大局下的现实需要，还在客观上成为民主政治的催化剂。

始于1937年的延安普选运动，虽然有其特殊的背景，但放在世界民主发展的历程中，它并不是孤例。民主的本质在于通过

---

① 谢觉哉：《谢觉哉文集》，人民出版社1989年版，第353页。

② 【英】斯坦因：《远东民主的种子》，载孙照海选编《陕甘宁边区见闻史料汇编》（第一册），国家图书馆出版社2010年版，第251页。

③ 【意】依维斯·辛特默：《随机遴选、共和自治与商议民主》，欧树军译，载《开放时代》2012年第12期。

全民普选和自由选举实现垂直的责任性。这样当权者要依靠的大众的选举获得执政的权力，而不是对一个由非民主程序选举产生的贵族议会负责任的责任性。尽管民主未必与教育程度、经济发展直接相关，但必须要与一些制度相配合，如法治、贵族议会监督制度等。类似今年亚非国家的第三波民主，反向民主化运动，作为动员的民主，同样面临民主的庸俗化、民主的低效化、无序化。[1] 尽管"反向民主"在此主要意指第二次世界大战之后，特别是1974年以来波兰、匈牙利等相对落后国家建立民主的历程，但其中所蕴含的基本道理，却可以成为解释延安普选运动的理论资源。1937年开始的延安普选运动实际上也可以归入"反向民主化"的范畴之内。因为在当时的延安，民主所要求的法治、公民社会、领导人问责等现代国家制度还没能完全建立起来，普选运动已经全面展开了，它与"反向民主"所描述的基本内容是一致的。延安时期，以边区高等法院以及各地分院为代表，法治化的建设已初见成效，但其距离现代国家所要求的法治仍有距离，而且当时经济、教育水平极度落后的境况亦不容忽视。回到政治实践，不难发现，这种在各种条件均不具备的条件下进行的"反向民主"之所以能成功实现，很重要的因素是中国共产党的领导，选举的推动、选举条例的制定、选举的宣传与展开，以及最终选举结果的确认，都是在中共直接指导下进行的。正是作为陕甘宁边区执政、领导核心的中共在全面抗战这一背景下，以极大的诚意、决心，

---

① 蒋达勇、王金红：《反向民主对村民自治制度绩效的影响》，载《开放时代》2012年第5期。

全面筹划，鼎力推行，才能使落后条件下的民主选举得以推行。
"党全面地和有效地推动人民的利益，保证个人和组织的适当自治，……实现政党 – 国家民主（party-state democracy）"①，这是反向民主得以实现的解释。

此种在延安的民主实践经验尽管可贵，但其远非完美。对普通民众而言，自上而下推行的民主，存在着一个由陌生到逐步接受的过程。在早已接受新思想的革命者看来，作为民主步骤的选举为理所当然，"可是这对于老一辈的人一定感到有些奇特，他们还记忆着过去的实际受人奴役的日子。他们大部分坐在那里，多皱纹的面上，带着被动的表情。然而我也能从他们的面上看出他们的思想：那就是对普遍人民的幸福感到关切的政府表示惶惑，不相信与感激的混合情感。"② 对于选举，民众还存在或多或少的误解，"许多人虽然参加了选举但并未认识到选举的重要，因而对投票采取马马虎虎的态度，甚至于有的竟以当选认为是自己一种负担，而以选举别人作为对于被选举人的一种报复或惩罚。"③ 事实上，更多数的底层民众是抱着要么参与要么被疏离的心理投入选举的，因为，"谁会不积极参加呢？如果不参加选举，就等

---

① 【美】布兰特利·沃马克：《政党 – 国家民主与"三个代表"：一种理论透视》，载吕增奎主编《执政的转型：海外学者论中国共产党的建设》，中央编译出版社 2011 年版，第 96 页。

② 孙照海选编《陕甘宁边区见闻史料汇编》（第一册），国家图书馆出版社 2009 年版，第 495 页。

③ 《把乡选办得更好些》，载陕西省档案馆、陕西省社会科学院合编《陕甘宁边区政府文件选编》（第 6 辑），档案出版社 1983 年版，第 452 页。

于被打倒了。"① 特别是在抗战这样一个大的政治背景下，不积极参加普选，即会被认为对抗战持消极态度，等同于政治话语中的不积极，进而与其他民众形成疏离关系。

不仅如此，延安民主同样面临着另外一重危险，那就是"多数人暴政"②，或极权化民主。林毓生认为，民主通常可以避免极权式独裁，至少人类尚未找到其他更有效的制度来防止极权式独裁。极权的民主是民主的病态。但是这种病只有在全民参政的普选民主观念出现后才能发生。近代全民普选参政的观念兴起后，始出现左派与右派以全民参政为借口来控制全民全部生活的极权民主。民主制度是为了维护自由，故表现为选举的民主仅仅是手段，而不是目的。因此，为了更好地实行真正意义的民主，在整个过程中必须要监督它，使它不致泛滥，同时，要努力使民主制度不断改进，使它成为更有效的，维护自由的手段。③ 事实上，延安后期政治的发展的一些现象，如整风、"抢救运动"等，也间接验证了普选运动下缺乏法治及自由保障的反向民主的脆弱性。例如在抢救运动中，非法地侵害公民权的现象不时发生。当时在延安保安处工作过的师哲回忆："（一次被叫到保安处）康生在名单上圈了200人，叫我们把这些划了圈的全部抓起来，我粗略地看了一下，名单中有'师树德'的名字，我随口说出'这

---

① 吴重庆：《革命的底层动员》，载《读书》2001年第1期。

② 【法】托克维尔：《论美国的民主》，曹冬雪译，商务印书馆2006年版，第287页。

③ 林毓生：《中国传统思想的现代转化》，三联出版社2011年版，第92页。

是我四弟’，康生一把抓过名单，把师树德抹去了……我有些茫然，也有点疑惑他打的圈是有根据的还是随心所欲的。"[1] 这些事例虽然是个案，但已经说明作为民主的普选运动，如果不能与现代化的国家制度相配合，还难以承担起现代民主对公民权、个体权利保障的本质要求，在特定条件下可能走向变异。

如果验之于西方的民主化理论或道路，民主之延安道路很明显存在多个悖论：第一，1937 年的普选运动与西方国家典型的民主化模式截然不同，它是在民主所需各项基础条件成立之前所推行的，因此与西方经典模式相悖；第二，在总体上，1937 年延安的民主还是走到了稳妥、规范的路径上，不健全的延安式民主所隐含的一些弊端并未造成严重后果，这又成为延安民主的另一个悖论。而透过这些悖论，也正可以看到 1937 年延安的普选运动带给我们的诸多启示：正如科恩所言，"民主的实质是社会成员参与社会的管理，它就是自治。"[2] 故参与是民主的关键，广泛的选举正是最为主要的参与方式。

1937 年延安的民主实践正说明，中国的民主化道路不同于西方经典的民主化道路，延安民主实践也很大程度地避免了这种不健全的民主所带来的消极影响。民主所需的现代国家制度建立之前的普选，不失为一条中国化的可以选择的道路，其取得的成效可圈可点。正如赛尔登指出的，如果说土地革命大大地破坏了旧

---

① 高浦棠、曾鹿平：《抢救运动始末》，香港时代国际出版有限公司 2008 年版，第 184 页。

② 【美】科恩：《论民主》，商务印书馆 1988 年版，第 273 页。

制度，那么选举运动就是迈向完整新体制和新社区的一步。选举激发人们对新的社会、经济、军事机构的兴趣和参与。选举运动提供了有效手段来传播信息，保证对官方政策的支持。因此，尽管当选的政府并非有最高权威，但这是迈向产生一个负责的、不贪污的和基础广泛的政府的"意义非凡的一步"。[①] 因此，延安的普选运动既有解决抗战与建政的现实需要的一面，同时也是中国现代民主化进程的重要的早期实验，它为当代的基层民主发展提供了有益的历史经验。其中的重要经验是：民主化的次序或道路不可一概而定，而是可以根据一国的国情、社情、民情做出调整和适应。

（四）瑞金与延安的关联

实际上，延安的民主尝试自中央苏区瑞金就已经开始，只是苏区时期是结合了土地革命运动，而延安时期则与抗战大局更紧密地联系起来，从而实现了苏区的"工农民主制"向普遍、直接、平等的全民民主制的转变。尽管这种民主的方式在今天看来并不健全，同时还夹杂着民主本身之外的革命或其他政治、社会欲求，但其中蕴含的宝贵经验却不容忽视。从农民的视角看，这种自上而下的动员式的选举，在初期常常令他们感到疑惑、不解，甚至有些抵触，但选举这一实践过程对民众的教育作用与积极效果也是显而易见的。因此，这也成为更高程度的民主活动最好的预演。当然，无论是苏区，还是延安，均是在一定区域内进行的小规模的民主"实验"，

---

① 【美】马克·赛尔登：《革命中的中国：延安道路》，魏晓明、冯崇义译，社会科学文献出版社2002年版，第128-136页。

它较好地结合了中国共产党推行的群众路线的"逆向参与"制与农民自身的"民主传统",充分运用宣传、教育等动员的技艺,经过普遍的选举,最终形成能广泛吸纳融合各方面不同意见的延安式"参议会"制度,因而成为一种有别于西方经典民主道路的颇具特色的民主形式,故此一民主化的进程,中国共产党起到了中坚的作用。

当然,80多年前的延安与今日中国的社会实际并不完全等同,因此延安经验也不可能被完全照搬。但是,1937年延安主要表现为普选的民主实践留下的经验智慧仍值得重视。一方面,民主不应该是超越的、与社会完全区隔的,而是与社会发展紧密结合的,民主选举的过程可以与国家总体发展的阶段和战略相结合;另一方面,普选式的直接民主也为今日代议制民主的精英化趋向、与底层民众的隔离化趋向,以及基层民主的庸俗化趋向提供了历史的镜鉴,这对于当代推进社会主义民主与完善基层民主制度均不无参考价值。具体而言,延安通过普选运动所反应的民主制度主要有以下方面的重要影响及参考意义。

1937年的延安,通过普选运动,在社会相对落后,现代国家制度未完全建立之前,初步实现了基本的民主制度,它探索了在经济、文化落后的国家中如何开辟民主之路,既借鉴学习西方民主制度,又不简单照抄照搬,是具有中国特色的民主制度。[①]同时,1937年的普选实践,体现在民主化延安既有民主经典的一面,又有民主创新的一面。它的进行始终结合着中国共产党一贯的群众

---

① 参见李涛、张德友:《中国共产党民主制度建设历史经验研究》,载《政治学研究》2012年第3期。

路线，"相信群众、依靠群众"，通过自上而下的民主实践，形成一种集中与民主、动员与参与的新"民主"，在抗战、革命等整体目标的规定下，群众主动介入政治、社会各个层面参与谋划提出自身的意见，以"主人翁"的姿态参政议政；[1] 政府领导人、决策者也需要主动深入到群众中去，积极听取群众意见，而不是被动等待群众前来参与。尽管没有完全脱离"指导、训练"的威权一面，但是民主制度的有益效用同样被发挥，特别是党的群众路线在其中发挥了重要的作用。它形成了一种决策者主动深入到人民群众中去的民主"逆向参与模式"[2]，这种上下结合的努力，本身即包含有"让美梦成真的集体能力"这样的民主原意。这一极其特殊的民主路径的选择，毋宁说是中国革命与建设历程中固有的，包含实用性效果考虑的"实践理性"的结果。这不能不说是中国近代民主发展史上宝贵的历史经验。

同时，民主本身应该是一种实践的过程，在这一过程中，普通民众的民主素养能得到塑造；同时，民主未必一定在和平稳定的社会环境下产生，社会经济的发展水平、普通民众的受教育程度，甚至现代国家制度的建立也不一定是民主的必要条件。反向民主化也不一定就必然导致民主的庸俗化、低效化和无序化。换言之，民主虽然是现代人类社会的共同追求，但是民主的发展模式却各有不同，并不存在放之四海而皆准的标准模式。一国的民

---

[1]　杨念群：《革命叙述与文化想象》，载《读书》2012 年第 5 期。

[2]　王绍光、欧树军：《超越"代议制"的民主四轮驱动》，载《社会观察》2012 年第 8 期。

主发展路径，必须要结合该国的历史、国情和现实综合考量，意欲移植他国的模式一劳永逸地解决问题，往往是行不通的。民主是一个过程，它虽是共同的追求，但追求的起点和道路各不相同，实现的形式也各有特点。被皇帝统治了几千年的中国怎么样能真正做到"人民当家做主"，实在不是一件容易的事情。只要从实际出发，融合中西之长，一定能走出一条自己的路。[①] 在中国，尤其不应忽略的是浸淫已久的儒家文化传统，在儒家文化中，"公"是某种整体化的成人过程，其中，个体将他人切身之事完全视为己所关心之事，且以一种为整体的善服务的方式行事时，我们便进入了"公"的世界。民主之个人自由，不只是个体的自由，是指人与人、社会、国家的关系，即广义的群己观。[②] 一种社群主义的民主观与西方原子化的个人主义民主观显然相去甚远，因此，这条路终会是一条有延续更有创新的道路，是一个缓慢的渐进过程，而很难一蹴而就，也没有放之四海而皆准的标准模式。

---

① 詹得雄：《西方看不懂中国的民主》，载《参考消息》2012年8月15日第10版。

② 刘小妹：《中国近代宪政的文化基点：儒家群己观》，载《政法论坛》2009年第6期。

第四章　早期法制实践一体化成效■■■■

一、中央苏区的法制体系

中华苏维埃共和国及其所辖的各个苏区，严格来说还是一个不完全的国家，由于相隔甚远、交通阻隔等原因，临时中央政府与鄂豫皖、湘鄂西及琼崖革命根据地都难以保持经常联系，实施有效领导。以农村革命根据地为基础而建立的中华苏维埃共和国的法制建设，也首先存在于各革命根据地中，带有明显的地方性和局部性特征。但自苏维埃共和国成立时起，中共在机构设置、职能划分和运行机制上皆仿效苏联的国家政权形态，建立起较为完备的苏维埃临时中央政权机构，在各苏区推行统一的政治法律制度、经济文化政策和军事领导体制，至少在组织形式上具备了现代国家的主要元素。

不可否认的是，中央苏区的法制建设贯彻了马列主义的法制观，尤为强调革命导向和阶级有别的立法原则，原因在于苏区法律的根本目的是贯彻中共的革命路线，强调工农民主专政的政治合法性。因此，为工农兵士贫民谋利益的各种革命试验措施，均以法律的形式固定下来，诸如先后颁布的《井冈山土地法》《中华苏维埃共和国宪法大纲》《中华苏维埃共和国土地法》《中华苏维埃共和国婚姻条例》《中华苏维埃共和国惩治反革命条例》等。

（一）宪法大纲

1931年1月中共六届四中全会根据共产国际指示为第一次全国苏维埃代表大会起草《中华苏维埃共和国宪法草案》和各种法令草案。1931年11月，第一次全国苏维埃代表大会通过了《中华苏维埃共和国宪法大纲》（以下简称《大纲》），共17条。1934年1月第二次全国苏维埃代表大会对《大纲》进行了修订，在第1条中加上"同中农巩固的联合"，以纠正"左"倾错误。《大纲》是中华苏维埃共和国的总章程，对国家性质、任务、基本制度、组织机构以及公民的权利和义务等都作了总体规定。

《大纲》第1条明确规定了中华苏维埃共和国的任务："中华苏维埃共和国根本法（宪法）的任务，在于保证苏维埃区域工农民主专政的政权和达到它在全中国的胜利。"中华苏维埃政权的性质和体制也在《大纲》中得到了确认："中国苏维埃政权所建设的是工人和农民的民主专政的国家。苏维埃全部政权是属于工人，农民，红军兵士及一切劳苦民众的。""中华苏维埃共和国之最高政权为全国工农兵会议（苏维埃）大会，在大会闭会的期间，全国苏维埃临时中央执行委员会为最高政权机关，中央执行委员会下组织人民委员会处理日常政务，发布一切法令和决议案。"这些规定表明，中华苏维埃政权是中共领导的工人、农民和城市小资产阶级联盟的工农民主专政的政权，实行工农兵代表大会制度。此外，《大纲》还规定了工农民主专政的基本任务——保证苏维埃区域工农民主专政的政权和达到它在全中国的胜利，工农群众的基本权利——苏维埃共和国公民享有平等权、参政权、参军权、民主自由权、信教自由权、婚姻自由权、劳动权及受教育权八项权利，以及确定对外政策的基本方针——中华苏维埃政权宣告世界无产阶级与被压迫民族和它站在一条革命战线上。居住在红色区域内从事劳动的守法外侨，一律受到政府的保护。

由于当时正处在"'左'倾路线对党的第三次统治"时期，不可避免地规定了一些过"左"的政策。例如，"一切剥削人的人是没有选举代表参加政权和政治上自由的权利的。"（第2条）；"一切剥削者的武装，必须全部解除"（第9条）；"承认中国境内少数民族的民族自决权，一直承认到各弱小民族有同中国脱离，自己成立独立的国家的权利。蒙古，回，藏，苗，黎，高丽人等，凡是居住在中国的地域的，他们有完全自决权；加入或脱离中国苏维埃联邦，或建立自己的自治区域。"（第14条）。同时还实行了过"左"的土地政策，如"主张没收一切地主阶级的土地，分配给雇农、贫农、中农。"（第6条）这一条均是对"平分一切土地"和"地主不分田""富农分坏田"的过"左"的土地政策的贯彻，随后1933年6月1日发布的《关于查田运动的训令》掀起的查田运动出现了把富农划成地主、将中农划成富农，侵犯了中农利益的更加激进的"左"倾错误。在劳动政策上也过早推行八小时工作制的"左"倾路线（第5条），经济政策上限

制资本主义的发展也是"左"倾的体现（第7条）等，使革命遭
受重大损失。

（二）其他法律

在特殊的革命战争和分散割据的状态下，苏维埃行使立法权
的机关及其层次多样，立法主体广泛。除颁布和修改宪法为全国
苏维埃代表大会的专有权之外，作为国家政权机关的全国苏维埃
代表大会、中央执行委员会、中央执行委员会主席团有权颁布法
律或法令，作为国家行政机关的人民委员会及其组成部分的各人
民委员部也有权颁布法律或法令。各地方苏区的苏维埃代表大会
和地方政府也根据中央政策精神，制定和颁布地方性法律法规。
而这些立法机构的立法程序并无具体的规定，所以苏区立法数量
可观。仅就中央苏区而言，临时中央政府依据《大纲》的总原则，
相继颁布了130多部法规，初步建立了中共苏维埃政府时期具有
鲜明阶级性和时代特征的法律体系，具体包括：

1. 组织法规

1933年8月9日《苏维埃暂行选举法》、1933年12月
12日《中华苏维埃共和国地方苏维埃暂行组织法（草案）》（7
章208条）、1934年2月17日《中华苏维埃共和国中央苏维
埃组织法》（10章51条）等。

2. 军事法规

第一次全国苏维埃代表大会《关于中国工农红军优待条例
决议》（18条）、《中国工农红军政治工作暂行条例》（211条）、
1932年11月8日《赤卫军组织法》、1933年3月23日《苏

区少先队各级队部组织条例》等。

3. 行政法规

《内务部暂行组织纲要》《中华苏维埃共和国邮政暂行章程》《苏维埃区域暂行防疫条例》《托儿所组织条例》《教育行政纲要》《小学教师优待条例》《小学校制度暂行条例》《苏维埃大学章程》等。

4. 经济法规

《财政部暂行组织纲要》《中华苏维埃共和国暂行财政条例》《统一会计制度训令》《国库暂行条例》《发行革命战争短期公债条例》《发行经济建设公债条例》《中华苏维埃共和国国家银行暂行章程》《中华苏维埃共和国暂行税则》《中华苏维埃共和国中央执行委员会审计条例》《苏维埃国有工厂管理条例》《工商业投资暂行条例》《借贷暂行条例》《矿产开采权出租办法》《合作社暂行组织条例》《粮食合作社简章》等。

5. 司法法规

属司法行政的《中华苏维埃共和国裁判部暂行组织及裁判条例》（6章41条）、《中华苏维埃共和国军事裁判所暂行组织条例》（7章34条）、《中华苏维埃共和国劳动感化院暂行章程》（16条）、《中华苏维埃共和国国家政治保卫局组织纲要》（13条）、《国家政治保卫局特派员工作条例》《工农检察部的组织条例》《工农检察部控告局的组织纲要》等；属刑事法规的《中华苏维埃共和国惩治反革命条例》（41条）、《关于惩治贪污浪费行为的训令》等；属司法程序的《处理反革命案件和建立司法机关的暂行程序》《中华苏维埃共和国司法程序》等。

6. 土地劳动婚姻法规

1931 年 12 月 1 日《中华苏维埃共和国土地法》（14 条）、1932 年 4 月 20 日《中华苏维埃共和国各级劳动部暂行组织纲要》、1933 年 10 月 15 日《中华苏维埃共和国劳动法》（修正颁布，共 15 章 120 条）、1933 年 10 月 15 日《中华苏维埃共和国违反劳动法令惩罚条例》（10 条）等。1931 年 12 月 1 日《中华苏维埃共和国婚姻条例》，1932 年 4 月 8 日《中华苏维埃共和国婚姻法》（6 章 21 条）。

（三）主要内容

1. 婚姻

《中华苏维埃共和国婚姻条例》实施 2 年 4 个多月后更为完善的《中华苏维埃共和国婚姻法》颁布出台。该法共 6 章 21 条，确定了新婚姻制度的基本原则：①实行男女婚姻自由，废除一切包办、强迫和买卖婚姻，禁止欺骗式婚姻及童养媳等形式不平等的婚姻。②结婚条件须符合实质要件和形式要件，实质要件为男女双方必须自愿，且达到法定年龄，符合一夫一妻制，双方也无禁止结婚的血亲关系，也无不得结婚的疾病。除了承认婚姻登记的形式要件外，凡男女同居者，不论登记与否均以结婚论。同时废除聘金、聘礼及嫁妆陋习，禁止重婚纳妾。③离婚虽然自由但却有条件的，凡男女双方同意离婚的即自行离婚，男女一方坚决离婚的即可离婚。同时规定须向乡苏维埃或市苏维埃办理离婚登记后，婚姻关系即终止。④对离婚后财产及子女的处理，尤其是私生子女的处理设专章作了规定。离婚后原土地财产、债务各自处理，婚后所负共同债务，由男方清偿。婚后增加的财产男女平分，女方如移居别村，得依照新居村的土地分配率分配土地等。婚前所生子女及怀孕小孩归女方抚养，年长的子女由谁抚养以子女意见决定。⑤确定了军婚离异的条件以加强对军婚的保护。凡红军战士之妻要求离婚的，必须征得军人同意。在通信方便的地方，经过两年其夫无信回家者，其妻方可向当地政府要求登记离婚。

2. 土地劳动

《中华苏维埃共和国土地法》确立了以下几大内容：①废除封建土地剥削制度，规定了没收土地财产的对象和范围，废除一切高利贷。如没收"所有封建地主、豪绅、军阀、官僚以及其他大私有主的土地"，"中国富农性质是兼地主或高利贷者，对于他们的土地也应没收"；②规定没收土地财产的分配办法，如"被没收来的土地，经苏维埃由贫农与中农实行分配"等；③对土地所有权加以规定，规定"土地与水利的国有"，但仍保留规定"现在仍不禁止土地的出租与买卖"等；④实行"地主不分田，富农分坏田"的"左"倾路线。而从1927年11月的《没收土地案》、1928年12月的《井冈山土地法》、1929年4月《兴国县土地法》、1930年初的《军委土地法》、1930年9月《土地暂行法》到1931年11月的《中华苏维埃共和国土地法》的变化过程中，中共的土地分配原则不断调整。1935年12月《中央关于改变对富农的策略的决定》调整了针对富农的土地政策，仅没收富农出租的土地。这一变化过程正反映了中共从没收所有土地到仅没收地主土地，从禁止土地出租买卖到同意土地租佃、抵押和买卖，从消灭地主富农和侵犯中农到消灭地主、限制富农和团结中农的革命策略之转变。

自 1932 年 1 月 1 日开始实施的《中华苏维埃共和国劳动法》共 12 章 75 条，主要规定了工人集会、结社、罢工等政治权利；工人所享有的劳动条件；工人最低工资额及八小时工作制；工人享有社会保险和劳动保护等内容。但在实施过程中受到"左"倾路线影响，一些内容难以适应苏区实际发展之需，如机械地实行八小时工作制和规定休息时间，节假日共有 175 天，与当时紧急的革命战争环境极不适应。工资待遇与物质福利也过于超前，工资不得少于劳动部最低工资额，至少每三个月由劳动部审查一次。社会保险种类涵盖至免费的医药补助、暂时失去工作能力的津贴、实业津贴、残废及老弱的抚恤金、婴儿补助金等。职工会亦可轻率地发动罢工等规定。显然，当时苏区的经济情况根本无法满足上述要求，经过一年半的实施后，1933 年 4 月开始修正，同年 10 月生效。经修正的新法主要内容包括：①废除对工人的各种封建剥削和一切压榨工人的不合理陋规。如严格取缔"包工"、"招工员"以及任何私人设立的"工作介绍所"或"雇用代理"，严禁要工人出钱买工作或从工资中扣钱作为介绍工作报酬；禁止向工人罚款、克扣工资、征收保证金或强迫储金等行为。②规定工人有集会、结社以及参加工会的权利，保证工人有一定的时间参加社会活动，不得扣除工资。③规定了工时、工资，青工女工特殊利益以及劳动保护和社会保险。关于工作时间规定一般不超过八小时，在危害健康的部门可减少到六小时。④规定了劳资纠纷和违反劳动法的处理办法。劳动争议的处理有评判委员会、仲裁委员会、劳动法庭等。新法纠正了一些过"左"的规定，缓解了劳资矛盾，降低了过高的经济要求，提高了适用的灵活性。

3. 刑法

肃清反革命和对白军作战是苏区刑事立法的重要内容，而对于贪污浪费等犯罪行为亦作为一般犯罪打击的重点。各苏区都曾制定肃反法规，以推进肃反运动，如1930年闽西苏维埃的《惩办反革命条例》、1932年《湘赣省苏区惩治反革命暂行条例》、1934年《川陕省苏维埃政府肃反执行条例》等。1934年4月公布的《中华苏维埃共和国惩治反革命条例》是第二次国内革命战争时期最为典型、影响最大的刑事法规，共41条。其主要内容如下：（1）反革命罪的构成："凡一切图谋推翻或破坏苏维埃政府及工农民主革命所得到的权利，意图保持或恢复豪绅地主资产阶级的统治，不论用何种方法都是反革命行为。"第3—30条具体列举了各种主要的反革命罪行。（2）刑罚种类：①死刑，一般情况下须经特区政府批准，一律枪决执行。②监禁，最短3个月，最高10年，没有无期徒刑。③拘役及强迫劳动。拘役一般是"一月未满，一日以上"；强迫劳动有三日、半年，长不过一年。④没收财产。一是没收犯罪所用之物，二是没收犯罪者本人财产一部或全部。⑤褫夺公权。一般指剥夺参加政权、群众组织选举和充当红军的资格、权利。适用于监禁刑以上的罪犯，多为附加刑，亦可作独立刑种施用，自监禁期满起算。但未对驱逐出境作直接规定，仅在第29条间接提到"被苏维埃驱逐出境，又秘密进入苏维埃境内意图进行反革命活动者处死刑"。⑥罚金。对犯罪分子科处罚金，多作为独立刑施用。

（3）适用范围与一般原则：①适用范围及于"不论是中国人外国人，不论在中华苏维埃共和国领土内或在领土外，均适用本条例以惩罚之。"②类推原则。"凡本条例所未包括的反革命犯罪行为，得按照本条例相类似的条文处罚之。"③累犯加重原则。"经法庭判决监禁又再犯本条例所列各罪之一者，加重其处罚。"④减免刑罚原则。未满16岁的未成年人可减轻刑罚，未满14岁的幼年人交由教育机关实施感化教育。工农分子犯有并非领导或重要的反革命罪行，可以酌情减轻刑罚。对苏维埃有功绩者也可以减轻刑罚。《中华苏维埃共和国惩治反革命条例》也存在"左"倾机会主义路线的错误观念，如死刑适用面过宽——28种反革命罪行中的27种适用死刑；在定罪量刑上也具有按阶级成分及功绩定罪的倾向。

此外，为了保持党的纯洁性与先进性，坚决惩治贪污浪费行为，1932年制定的《关于惩治贪污浪费行为第26号训令》规定，凡工作人员玩忽职守而浪费公款，致使国家受到重大损失者，即构成浪费罪，依其浪费程度处予警告、撤职，甚至一个月以上、三年以下监禁。凡贪污公款在500元以上者处以死刑。

二、地方苏区的法制建设

由于中华苏维埃共和国的地方政权机构先于中央政府而建立，加上受政治军事的影响，相隔较远的各苏区政权具有相对独立的政权系统和较大的行政自主权，如川陕苏区，因此，在中央政权和统一的法律体系尚未形成之时，各苏区根据中共的指示精神和当地的实际情况，分别制定了适用于本地区各类法规。

地方各苏区提出并试行苏维埃执政纲领和组织原则，成为地方苏维埃法制建设的一大重点，也为制定中华苏维埃宪法大纲提供了基础条件和实践经验。如1927年9月江西发布的《江西省革命委员会行动政纲》，涉及政治、经济、工农、军事和文化五大方面，明确提出"一切政权属于工人农民及一切革命的平民"。同年11月，江西制定了《苏维埃临时组织法》和《江西省苏维埃临时政纲》。《苏维埃临时组织法》详细说明了苏维埃的来源、意义和任务以及与资产阶级国家的根本不同，规定了省、县、市、区、乡各级苏维埃产生的方式及组织形式。《江西省苏维埃临时政纲》共28条，涉及政治、经济、军事、建设、教育、外交、工人和妇女保护等各个方面，是具有初步宪政意义的政治纲领。又如1928年1月遂川县工农兵政府成立大会通过《遂川县工农民主政府临时政纲》24条，内容包括政治、经济、军事、文化等方面。再如1930年3月闽西第一次工农兵代表大会通过《苏维埃政府组织法案》，分9章37条。该组织法案明确规定一切政纲都要根据工人、农民、士兵及其他贫民利益去决定，同时对小资产阶级的利益不加妨害。1930年10月江西省苏维埃政府成立，同时宣布了《江西省苏维埃政府政纲》13条，涵盖了民主政治、经济、外交等方面内容。

　　同时，各地还先后制定了一系列刑事法规，以镇压反革命分子和其他犯罪分子的破坏活动，以巩固工农民主专政政权，这是地方苏维埃立法的又一重点。如1927年11月海丰县工农兵代表大会通过的《杀尽反动派决议案》，1930年6月闽西工农民主政府制定的《惩办反革命条例》，1931年赣东北特区政府制定的《赣东北特区苏维埃暂行刑律》，1932年4月湘赣省制定的《惩治反革命犯暂行条例》等。这些法律法规为《中华苏维埃共和国惩治反革命条例》提供了实践经验。

　　此外，地方各苏区在革命战争环境中不断形成了各具特色且又自成体系的法律制度。如1930年3月闽西第一次工农兵代表大会通过了《苏维埃政府组织法案》《劳动法》《婚姻法》《工会法草案》《土地法令》《山林法令》《保护青年妇女条例》《保护老弱残废条例》《优待士兵条例》《商人条例》《暂行税则条例》《合作社条例》《借贷条例》《取缔牙人条例》《取缔纸币条例》《裁判条例》和《惩办反革命条例》等政策法令，涵盖行政法、经济法、民法和刑法等各部门的法律法规，已初步形成了门类较为齐备的法律体系。

　　在赣东北苏区，1929年10月至1931年11月期间，已颁布了《信江苏维埃政府临时组织法》《信江苏维埃政府纲领》《信江苏维埃特区临时土地分配法》《信江特区苏维埃土地临时使用法》《工会临时组织条例》《赣东北特区苏维埃暂行刑律》等法律法规。自 1931 年 11 月到 1934 年 11 月又进一步颁布了《赣东北省苏维埃政府土地分配法》《婚姻法》《赣东北省苏维埃政府优待红军家属条例》《中华苏维埃共和国赣东北省劳动部布告——关于雇用辅助劳动临时条例》《闽浙赣省苏维埃政府土地税征收法》《闽浙赣省苏政府粉碎敌人五次"围剿"决战公债条例》等法律法规，不仅数量多且门类齐，包括了苏维埃政府组织法、行政法、刑法、民法、经济法等多种类型。

第五章　早期部门法制的变革实践 ■ ■ ■ ■

一、领导分田：苏区土地的法制规划

在近代半封建半殖民地社会，生活在社会底层的佃民们忍受着高额的地租和苛重的捐税，帝国主义、封建主义和官僚资本主义的掠夺与盘剥是他们的痛苦之源。诞生于 1921 年的代表人民利益的中国共产党，将领导广大工农群众反帝反封建作为自己神圣的使命，国共合作之下促进了北伐战争的顺利推进和工人运动的蓬勃发展。随着蒋介石的武装政变和汪精卫的公开分裂，第一次大革命失败了，中国革命陷入了低潮。随后的八七会议总结了失败的教训，进一步认识到了解决农民土地问题的重要性，确立了土地革命和武装斗争的总方针，开启了中国共产党独立领导土地革命的步伐，将解决农民的土地问题作为当务之急。

（一）打土豪分田地：废除封建租佃的物质基础

土地革命的实质是改变不合理的土地占有关系，使土地真正回到生产者手里，满足农民的土地需求。这既是扫除封建土地剥削、维护广大农民利益的需要，同时也是发展农业生产力、维护社会稳定的必要途径。要让农民获得土地，只有从地主着手，要地主和平地让出土地给农民是不可能的，唯有暴力打击土豪劣绅，没收他们的土地。土豪，即大地主，"打土豪"的口号早在秋收起义时就提出过，[①]从早期的"打土豪，筹款子"，发展为根据地的"打土豪，分田地"。

1928年初，在井冈山革命根据地宁冈、茶陵、遂川、永新等县，部队就发动群众多次进行打土豪劣绅的游击暴动，土地革命逐步展开。[②]"打土豪，分田地"一般是在党的领导下，由革命军发动群众来进行，过程一般是"一开始杀土豪缴枪，接着便是分谷，烧田契、债券，这些斗争结束，便在共产党的指导下开群众会，由群众通过决议，进行平分田地。"[③]为什么要杀土豪劣绅，一来经群众指控其确实欺压百姓、恶贯满盈；二来不杀几个典型不足以起到震慑作用，土豪们不就范，收地分田工作便无法开展。1928年2月，宁冈县伪县长张开阳被枪毙之后，农民势力大振，大陇区一带随即开始了分田。[④]在这一暴动革命中，也有大规模杀戮。在平江起义后的不到两周时间里，平江县被杀戮的豪绅与

---

① 张侠、李海量：《湘赣边秋收起义研究》，江西人民出版社1987年版，第218页。

② 沙健孙主编《中国共产党史稿1921—1949》，中央文献出版社2006年版，第134页。

③ 曹大臣等：《战时党员生活》，南京大学出版社2011年版，第134页。

④ 《井冈山革命根据地的经济斗争》编写组：《井冈山革命根据地的经济斗争》，江西人民出版社1978年版，第22页。

反动分子高达 2000~3000 人。^① 对这种扩大化的 "左" 倾杀戮行为，毛泽东一贯反对，后在红四军党的六大决议案中明确规定："禁止盲目焚杀"。1935 年林伯渠总结出了打土豪经验 "一看、二摸"，看：看房子是否高大漂亮、栏中马牛猪大不大、锅灶大不大、家具是否漂亮、来往信件称呼如何；摸：摸底调查，听取群众反映。通过这两种方法，决定是否土豪劣绅，再执行相应政策。^② "打土豪、分田地" 是党领导下的声势浩大的群众运动，仅贵州沿河、德江、松桃、印江 4 县 63 乡，就有近 10 万人参加了打土豪、分田地的土地革命斗争，打土豪 397 户。^③ 杀土豪只是打土豪的一种极端方式，打土豪的根本目的也并非杀土豪，而是分浮财，分田地。具体的手段很多，捆绑游街，限期交出钱财，没收土地、粮食、衣物、牲畜等。打土豪缴获了大量的战利品，试看一例，1930 年 8 月，毛泽东、朱德在奉新县城开展的一次打土豪活动中，共缴获银洋 70 万 6 千元。^④ 打土豪获得的财产除了一部分留作军需外，其余全分给当地穷人。

打土豪是手段，分浮财只是一方面，最重要的是分田地，这是土地革命的核心。将地主的土地分给农民，才能从根本上摧毁

---

① 杨会清：《中国苏维埃运动中的革命动员模式研究》，江西人民出版社 2008 年版，第 66 页。

② 李连昌编《遵义轶闻（旅遵名人部分）》，贵州省遵义嘉联印刷厂 2001 年版，第 69 页。

③ 沈德海：《贵州革命史研究》，贵州人民出版社 1996 年版，第 167 页。

④ 中国人民政治协商会议江西省奉新县委员会文史资料工作委员会编《奉新文史资料》，内部发行 1990 年，第 57 页。

地主收取高租的土地出租剥削手段，这里有三个基本问题。

第一，没收谁的土地。仅仅没收几个大地主的土地来分田肯定是远远不够的，而且也没有摧毁地主制经济的根基。地主又有大、中、小地主，富农往往也存在出租或雇工剥削，富农的土地要不要没收，没有现成的经验，一切都有待于革命中的探索。从1928年《井冈山土地法》"没收一切土地"，到1929年《兴国土地法》"没收一切公共土地及地主阶级的土地"、1930年湘鄂西《土地革命法令》"没收一切地主阶级的土地"，再到1931年《中华苏维埃共和国土地法》又将范围扩大为所有地主、豪绅、军阀、官僚以及富农的土地（无论自营或出租）、公共土地。《井冈山土地法》规定没收包括中农、贫农的土地在内的一切土地，是一个原则性的错误，是一个非阶级性的立场，土地革命矛头到底指向谁，势必显得模糊不明确，而且没收是一种惩罚，是一种负面评价，统统没收或者变得没有是非，或者同时也是对中农的否定，损害了贫下中农的利益。《兴国土地法》对此有所修正，是对1927年八七会议精神的理性回归，随着对富农土地剥削性的认识以及反富农路线的形成，1931年的《中华苏维埃共和国土地法》规定没收富农所有土地。至此，没收地主和富农的土地这一范围基本稳定了，在随后的《赣东北省苏维埃执行委员会土地分配法》以及1934年的黔东特区《没收土地和分配土地条例》、《湘鄂川黔省革命委员会没收和分配土地的暂行条例》中几乎没变。1935年12月瓦窑堡会议决定了建立抗日民族统一战线，1935年12月6日《中央关于改变对富农的政策的决定》发布后，才将富农土地的没收范围缩小为"出租的土地"，对其经营的土地不没收。从总体上讲，没收富农的土地是应该的。除了较地主土地为少外，富农出租或者雇工经营这些土地剥削形式，在性质上与地主并无区别，甚至剥削程度可能更厉害，因为他地产小，在利害计较上会更厉害。王明前基于半地主性的富农把钱看得大、吝啬、追求发财、对贫雇农放高利贷等特点，认为他们是农村中最恶劣的敌人阶级。[1]20世纪30年代初的革命理论认为，富农实质是半封建的残酷剥削，始终是反革命的，对其土地不没收和分掉，便不能扯开贫苦农民对抗富农的阶级火线，无法树立雇农的领导和镇压富农的反抗。[2] 这些对于富农的认识未免有点以偏概全，并非所有的富农都是剥削者，有些富农本身就是受地租剥削的佃富农，或者是因为勤勉劳作而由中农上升为富农，当然作为一个阶级其剥削性我们必须承认。

第二，哪些人能参加土地分配。毫无疑问，无地少地的贫农、中农、红军家属可以参加，地主富农及其家属、雇农、手工业者、商人、红军、外来户、僧尼等，是否有权分田？《井冈山土地法》《兴国土地法》都只是简单列举了农民、乡村手工业工人、红军及赤卫队官兵几类分田对象，很不详尽。《中华苏维埃共和国土

---

① 王明前：《平等与效率：中央革命根据地的土地革命与查田运动》，载《党的文献》2010年第2期。

② 《总前委与江西省行委联席会议对于土地问题决议》（1930年10月19日），载《土地革命文献选编》编写组：《土地革命文献选编》，中共中央党校出版社1987年版，第338-339页。

地法》明确了"地主不分田，富农分坏田"基本原则，详细列举了分田的对象：雇农、苦力、贫民、富农、失业的独立劳动者、老弱病残、孤寡、红军。1931年12月颁布的《江西省苏维埃政府对于没收和分配土地的条例》进一步明确了豪绅地主及家属与领导反水的富农，全家不得分田，过去分配的必须收回，同时又补充规定了一些授田对象：医生、农村教师失业半年以上者，以宗教为副、耕田为主的和尚、尼姑、道士、斋公、算八字的、地理先生和基督教天主教牧师、神父，等等。该法还规定商人不分田，有工做的工人不分田，政府工作人员有分田必要时才分田。商人不分田和在业工人不分田在1931年《闽西苏维埃政府布告——关于深入土地革命分配土地的原则及制度问题》中也作了规定。种地是农民的职业，当商人和工人从事别的职业，具有了其他谋生手段时，没有理由再给他分地，再说他们大多没有足够的时间耕种，分地只会助长出租行为，这背离了土地革命的初衷，实践中也出现给商人分地导致转租现象，剥削地租。[①] 早期的《井冈山土地法》《兴国土地法》《土地暂行法》（1930）都没有禁止地主、富农参与土地分配，1930年6月的《苏维埃土地法》规定，豪绅地主反动派家属如经准许在乡居住，没有其他方法维持生活的，可以酌量分予土地。直到1931年《土地法》才定下了"地主不分田，富农分坏田"的调子，应该说这是一种矫枉过正的"左"

---

① 《永定县苏关于土地问题草案》，载韩延龙、常兆儒编《中国新民主主义革命时期根据地法制文献选编》（第四卷），中国社会科学出版社1984年版，第100-101页。

倾行为，土地革命不是要从肉体上消灭地主富农，而是要铲除其剥削方式，从精神上改造地富，令其自食其力。如不分地让他们如何生活，如何自力更生，富农家较多的劳动力和较好的劳动工具只用来耕种坏地，如何有利于生产力发展。在中日民族矛盾逐渐升级的情况下，1934年张闻天指出，如果不改变对富农过"左"的政策，将会把富农推到地主豪绅方面去，也会导致中农的动摇，他建议富农应平均分地而不应分坏地。地主不分地的政策在1936年7月22日中央发布的《关于土地政策的指示》中也作了改正，规定在没收之后分以份地供其耕种和生活。至此，对地富分田上的"左"倾错误得到了一定的纠正。

第三，如何"分田地"。将地富的土地分给农民，如何分是个关键问题，也是个复杂问题。其一，分配单位多大。《井冈山土地法》和《兴国土地法》中分配的区域单位主要是乡，以一乡为一单位。如遇特别情形也可以几乡或区为分配单位。《土地暂行法》规定，分配土地以乡为单位。《苏维埃土地法》原则上也是以乡为单位分田，但遇几乡毗连且各乡内土地多少不均时，可以三四乡为一单位。《中华苏维埃共和国土地法》没有明确规定土地分配单位。1931年《江西省苏维埃政府对于没收和分配土地的条例》和1934年《湘鄂川黔省革命委员会没收和分配土地的暂行条例》则将分配单位原则上规定为乡，但如多数贫中农意见倾向于以村为单位时，则以村为分配单位。比较而言，以区为分配单位太大不便操作，且分的田过远不便于耕种，以村为单位又容易被大姓家族势力所操纵，对小姓不利。在权衡利弊的基础上，毛泽东认为，正当的办法是以乡为单位分配。[①] 当各乡之间土地过于不均衡时几乡联合分配也是不错的选择，这样才能确保分到的土地面积能够维持家庭生活，以村为单位必须取得多数贫中农同意方可，不能损害贫中农的利益。其二，按人口平分，还是按劳力分。关于分配的标准共有三种方法：按人口分、按劳力分、按人口和劳力混合标准分。在《井冈山土地法》和《兴国土地法》中都确立了两种分配标准：按人口男女老幼平均分为主要标准，如有特殊情况可采用第二种标准，即劳动力标准，能劳动者分配的土地为不能劳动者的两倍。之所以将按人口平均分作为主要标准，土地法条文中谈到的理由有三：①在社会保障不发达现状下，老幼分田过少，难以维持生活；②男女老幼平均分操作起来方便；③没有老小的人家很少。按人口男女老幼平均分的有《苏维埃土地法》、1930年《闽西第一次工农兵代表大会土地法令》、1930年湘鄂西《土地革命法令》。按劳动力标准分地的有1931年《闽西苏维埃政府布告——关于深入土地革命分配土地的原则及制度问题》、1934年黔东特区《没收土地和分配土地条例》。采用人口和劳动力混合分配标准的有《中华苏维埃共和国土地法》、1930年《湖南省工农兵苏维埃政府暂行土地法》、1931年《赣东北省苏维埃执行委员会土地分配法》。按劳动力分土地有利于富农，因为富农家庭劳动力往往比较充足；按人口分有利于广大贫农，不但在经济意义上如此，在政治意义上也是如此，按人口

---

① 毛泽东：《分青和出租问题》（1930年11月15日），载中共中央文献研究室编《毛泽东农村调查文集》，人民出版社1982年版，第279页。

平分能够更好地争取广大贫农对革命的支持。按人口均分也可能会产生一些不利后果，地多劳力少、无力耕种，产量会降低，甚至会导致私下出租。其三，中农的土地如何分，是交出自己的土地一起重分还是原地不动、补齐不足？这不但是个经济问题，更是个政治问题，毛泽东在1933年《查田运动的群众工作》一文中曾指出："联合中农，是土地革命中最中心的策略，中农的向背，关系土地革命的成败。"[①] 在颁布较早的《井冈山土地法》和《兴国县土地法》中没有注意到中农分地问题，条文中没有提及。1930年湘鄂西《土地革命法令》规定，不动中农的土地，土地有余时，可分配一部分给非富裕的中农。也就是说，不没收中农的地，土地富余时可分给贫穷的中农，中农的地只入不出。《中华苏维埃共和国土地法》强调，平分一切土地的办法不能用政府命令来强制执行，"如多数中农不愿意时，他们可不参加平分。"即中农是否参加平分任其选择，如多数中农不愿不得强迫，更不能用政府命令来强制平分一切土地。此项维护中农利益不受侵害的规定也算是对该法中"平分一切土地"本身这一过"左"条文的一点限制。在当时"左"倾路线下能够认识到这一点还是值得肯定的。1931年《江西省苏维埃政府对于没收和分配土地的条例》进一步明确，中农是否与贫雇农一律平分土地，由中农自己来决定。如中农中多数愿意平分，即使少数人不愿意，也应实行平分；如中

---

① 毛泽东：《查田运动的群众工作》（1933年10月28日），载《第二次国内革命战争时期土地革命文献选编》编写组：《第二次国内革命战争时期土地革命文献选编》（一九二七年——一九三七年），中共中央党校出版社1987年版，第725页。

农中多数欲保存原有土地，不愿平分，应不实行平分，少数愿平分者仍给其平分的权利。该法对两种情形下的分田方法都明确作了规定，便于操作。关于维护中农利益这一点，1931年针对各苏区的情况，中央也强调，"要给中农以土地革命的实际利益，就是中农所有的土地比雇农贫农所分得的较多些，我们不能以平均分配一切土地的口号，去分配他们的土地。"①1934年黔东特区《没收土地和分配土地条例》更是突出了对中农和贫农私有土地的保护，"在没收和分配土地中，不应动摇中农及富裕中农的土地，中等农民或贫农自己私有的土地并不没收，并且少了还要分土地给他。"当然，在土地革命的早期普遍存在没收中农土地一起分配甚至地主富农分好田、中农分坏田现象，由于无经验可循、认识上的偏颇、法律的不周全，加之政治斗争的复杂性，出现这些错误也是难免的，在后期也进行了纠正。

土地革命剥夺了剥削者的土地，还地于民，在革命运动所及之处，既沉重打击了乡村土豪劣绅的旧恶势力，又釜底抽薪式地摧毁了延续千年的封建租佃剥削制度，同时也鼓舞了广大人民群众的革命热情，提高了他们的政治地位和经济地位。

（二）从封建剥削性租佃到平等互利性租佃

新民主主义革命的任务是反帝反封建，封建制生产关系的主体和核心就是土地租佃，"打土豪，分田地"就是为了消灭高额

---

① 《中央关于"平分一切土地"的口号的决议》，载韩延龙、常兆儒编《中国新民主主义革命时期根据地法制文献选编》(第四卷)，中国社会科学出版社1984年版，第23页。

地租剥削，将贫苦农民从租佃生产关系中解救出来，因而革命伊始，就宣布废除土地租佃，但实践中出现的一系列问题，使得中国共产党人认识到这是一个偏颇的路线，继而有条件地允许一定范围的租佃，伴随着农民土地使用权向所有权的过渡，农民之间平等互利性的租佃关系最终得到了确立，这在当时的立法中大致呈现出三个阶段。

首先，对封建剥削性租佃关系的废除。

在《井冈山土地法》和《兴国土地法》中均无"租佃"二字，原因何在？从其内容上看是允许还是禁止，笔者理解为绝对禁止，这从《井冈山土地法》"没收一切土地归苏维埃政府所有"这一"左"倾指导思想就可得知，打土豪、分田地是一场暴风骤雨式的革命，在当时的共产党人和广大群众看来，租佃就是剥削的代名词，消除剥削必须铲除租佃，而租佃同时又是土地私有制的产物，所以必须没收地主的土地，归政府所有。既然土地私有打破了，租佃也失去了存在的基础，也决不允许它继续存在，在这种共识之下，土地法中似乎不用再作强调。《兴国土地法》虽然在没收土地范围上作了一个原则性的修正，改为"没收公共土地及地主阶级土地"，但总体精神上还是沿袭了《井冈山土地法》，禁止租佃也是其中不言自明的道理。1930年5月全国苏维埃区域代表大会通过的《土地暂行法》明确规定"禁止一切土地的买卖、租佃"，撇开内容不说，在立法技术上这是一个进步，至少在可不可以租佃的问题上作了明断，避免了理解上的混乱。从条文和立法精神来看，这三部土地法是禁止了一切形式的土地租佃，虽然说在这些法律效力所及范围内，实际生活中的租佃现象还是存在的，而且也难以禁绝，但立法层面是禁止的。相对而言，在1930年及以后出台的地方苏区土地法中，并非绝对禁止一切租佃，但对于普通民众之间的租佃有不少还是禁止的，主要目的还是防止租佃剥削现象死灰复燃。1930年2月龙岩县《土地问题决议案》规定"田地已分后不得买卖或转租"，几乎同时出台的1930年2月永定县《土地问题决议案》，对于民众之间的租佃行为规定了严厉的制裁："自一九二九年起，永远取消田租，强收者杀，送租者罚。"1930年9月的闽西《修正土地法令决议案》同样也规定了对土地出租的制裁，"分田户绝对禁止转租，违者没收其田地。"为了消除封建制租佃现象，1931年12月《中华苏维埃共和国土地法》强调，"必须消灭口头的及书面的一切租佃契约"。

在土地革命阶段早期的土地法中，与禁止土地租佃相伴存在的是农民的土地使用权和禁止土地买卖，这三者之间有密切联系，决定性的因素是土地权属。在1928年《井冈山土地法》、1929年《兴国土地法》和1930年6月《苏维埃土地法》中，都规定土地归苏维埃政府所有（公有），而农民只有土地使用权，既然土地不归农民私有，他们就没有最终的处分权，即不得买卖，而且在土地国有形势下也出现过三番五次地反复分田的情况，既然土地不是自己的，何来买卖的正当性。同样的道理，没有所有权农民也不得对土地做出租处分。对封建性土地租佃关系的废除，是贯彻土地革命始终的一个指导思想，在苏区土地法中也是一以贯之的存在。

其次，对公地、红军家属土地及无劳力家庭土地出租的许可。

受到共产国际指示的影响，"八七会议"在《八七会议告全党党员书》中确立了"土地国有"的方针，从"八七会议"到党的六大之前，党的土地方针没收一切土地、土地所有权归苏维埃政府、禁止土地买卖和租佃，很快成为早期土地法中的重要条文。关于消灭土地私有和土地租佃的意义，1930年问友曾经讲过，只有彻底消灭封建地主的土地私有，消灭土地租佃，使一切农民都获得土地，才能消灭豪绅地主和封建军阀的基础，才能动员广大革命群众，才能有苏维埃政权的真正彻底的胜利。[1]易元认为，"为防止地主阶级的再产生，独一无二的办法，就是土地归人民公有，宣布土地为劳动者的公共财产。"[2]1930年《土地暂行法》中也说到，取消土地买卖、租佃，是为了防止新的地主、豪绅的产生。从理论上讲，消灭土地私有是一条超越新民主主义革命历史阶段的"左"倾认识，那应该是社会主义革命阶段的事情，消除租佃更是一种片面认识。1930年《湘鄂西特委第一次紧急会议关于土地问题决议案大纲》竟然规定："废除租田制度，但不禁止雇佣耕种。"如果说租佃是剥削，那雇佣也是，如将租佃理解为封建制，将雇佣理解为资本主义性，显然是形而上学的错误，正确的做法

---

① 问友：《苏维埃政权与土地革命》（1930年4月26日），载《第二次国内革命战争时期土地革命文献选编》编写组：《第二次国内革命战争时期土地革命文献选编》（一九二七年——一九三七年），中共中央党校出版社1987年版，第252页。

② 易元：《没收地主阶级的土地》（1930年7月9日），载《第二次国内革命战争时期土地革命文献选编》编写组：《第二次国内革命战争时期土地革命文献选编》（一九二七年——一九三七年），中共中央党校出版社1987年版，第285页。

应该是废除地主制下的封建剥削性租佃，而不应扩大化。事实上，在分田及生产实践中，禁止一切土地出租很快遇到了问题。首先，无论是按人口平均分地，还是按劳动力分地，老幼残疾孤寡都得分地，只是比例不同而已，这些家庭缺乏劳动力，如何耕种？如果禁止出租，岂不得要抛荒。1931年《湘赣苏区重新彻底平均分配土地条例》对于这些人还规定了一种途径，即不分地而由苏维埃实行社会救济，这一设想不错，但在当时落后的经济条件下有多大可行性令人怀疑。其次，红军家属的地如何耕种，土地法中大多规定政府帮助、发动群众耕种，此外1930年《湖南省工农兵苏维埃政府暂行土地法》还规定了雇人耕种或与亲属合并耕种，让群众帮着耕种，在群众革命热情高的地方不是不可行，但让大家义务耕种弹性太大，雇人耕种谁出工钱，与亲属合并耕种也要在亲属劳动力充足且愿意的前提下，而且毕竟有着大量的红军，这些方式似乎并不一定很靠谱。相反，如果允许出租，只要租率适中，这种有偿的方式比较可靠。再次，还有一些不便分配的大块山地、林地、湖泊、池塘等，如何处置？闲置着又浪费，在1928年、1929年的土地法中没有规定。1930年的《土地暂行法》规定，此类资源归苏维埃政府管理经营，如何经营未曾明确，1930年《湖南省工农兵苏维埃政府暂行土地法》也是如此。

这些缺乏劳动力无法耕种，或者无法分配给各家耕种的公产，可能的经营方式无非还是雇佣和租佃，雇佣在土地法中一般是允许的，但雇佣对于雇主来说是件非常劳神的事，作为公地管理者的政府不可能有足够的精力应对，老幼病残更是无能为力，理想的方式还只有租佃了。对此法律只能打开缺口做些让步，自1930年开始，土地法中对这些特殊类型的土地使用逐渐允许出租了。最突出的是一部专门针对此类土地问题的1930年12月闽西《租田条例》，其主要内容有：（1）老弱病残、红军士兵及经贫农团认可和政府批准的政府工作人员，可以出租土地；（2）租谷由双方商量，但不能超过土地私有制时期的收租数量；（3）出租年限3年，3年内或3年外要收回时，必须经过政府批准。[①]至此，法律对出租的态度是从严禁出租到允许一定条件的出租，且所设定的条件范围非常小。

最后，对平等互利性租佃关系的保障。

随着对土地国有政策脱离实际、导致农民不能安心种地等危害性的认识，在共产国际的指示下，中共对"左"倾的土地政策有所调整，在1930年11月中央政治局的《关于苏维埃区域目前工作计划》文件中指出："现在就用政府的法令或者用党的决议禁止土地买卖和租借，这在现在亦还是过早的办法。"[②]在1931年苏维埃第一次全国代表大会上中共中央和共产国际起草的《土地法草案》中强调："在目前革命阶段上，苏维埃政府应将土地与水利国有的利益向农民群众解释，尚不应褫夺农民土地出租权，

---

① 张希坡主编《革命根据地法制史》，法律出版社1994年版，第217页。
② 《中央文件汇集》1930年第四分册第109页，转引自左用章：《中国新民主主义革命中的土地所有权问题》，载《南京师大学报》（社会科学版）1983年第1期，第20页。

与土地买卖权。"①这些文件都倾向于放开土地的买卖和租佃权，并最终指向土地私有权。1931 年 2 月毛泽东鉴于农民只有土地使用权，有的田地被反复分了四五次，让农民始终感觉到田不是自己的，从而不能安心种田，提出"过去分好的田即算分定，得田的人，即由他管所分得的田，这田由他私有，别人不得侵犯。以后一家的田，一家定业，生的不补，死的不退，租借买卖，由他自主"重要指示。②毛泽东的这一认识很好地把握了当时土地问题的实质，实践证明他指出的这一方案是解决问题的必然出路。

这些倡导租佃的文件和精神在随后的一些土地法中很快得到了确认。1931 年《中华苏维埃共和国土地法》第 12 条明确规定了不禁止土地的出租，该法第九条强调，没收地主豪绅财产，同时必须消灭口头及书面的一切租佃契约。这两条合起来理解就是，消灭过去地主豪绅订立的一切租佃契约，但今后新的土地租佃不禁止。在 1931 年《闽西苏维埃政府布告》、1931 年《江西省苏维埃政府对于没收和分配土地的条例》、1931 年《鄂东南各县区苏维埃联席会议土地问题决议案》、1932 年湘赣省苏维埃第一次代表大会《土地问题决议案》、1934 年《湘鄂川黔省革命委员会没收和分配土地的暂行条例》、1936 年《苏维埃中央政府西北办

---

① 《土地法草案》（1931 年 2 月），载《第二次国内革命战争时期土地革命文献选编》编写组：《第二次国内革命战争时期土地革命文献选编》（一九二七年——一九三七年），中共中央党校出版社 1987 年版，第 384 页。

② 《第二次国内革命战争时期土地革命文献选编》编写组：《第二次国内革命战争时期土地革命文献选编》（一九二七年——一九三七年），中共中央党校出版社 1987 年版，第 389 页。

事处确定苏区农民的土地所有权》等土地法律文件中，大多规定
土地可以自由租佃，只是在1931年《江西省苏维埃政府对于没
收和分配土地的条例》、1934年《湘鄂川黔省革命委员会没收和
分配土地的暂行条例》等少数土地法中有一条限制：不得租借豪
绅地主家属。这一限制除了对豪绅地主的报复外，并没有正面的
意义。地主不分田，富农分坏田，本身就不对。没被杀的地主钱
财被分了、粮食被没收了，又没地种还不能租地，如何生存？没
有给地主生活出路，势必使其进一步走上人民的对立面，与散兵
游勇、土匪结合或者设法打入革命政权内部，进行各种破坏活动，
甚至杀害革命干部。被彻底剥夺了经济能力，他们只能通过盗窃、
乞讨等方式谋生。[1] 不能租地，富农富余的劳动力又投向何处，
这容易使他们由中立、动摇而走上地主阵营。

（三）租佃自由与中央苏区的土地分配法制

至此可以说，在土地革命初期制定的禁止土地出租的方针是
错误的，这没有任何疑义，我们要反对的只是地主和佃农之间租
额较高的双方地位不对等的甚至还有额外小租或力役送工的封建
制租佃剥削，这与土地被平分后民众间的平等、自愿、互利的租
佃关系存在质的不同。前者往往是佃农迫于生计被迫接受地主的
一切条件，后者是在劳动力有余情况下可租可不租时做出的选择；
前者租率由地主单方确定，通常较高，后者租率由双方协商，甚
至还要经过政府批准。因此，只要把租率和双方的权利义务公平

---

[1] 唐敦教等主编《川陕革命根据地斗争史》，华夏出版社1989年版，第198页。

合理地调整好，租佃制生产方式不但没错，反而值得倡导和鼓励，它能实现劳动力和土地资源的充分利用。中共通过不断地认识和反省，最终确定了租佃自由，使得这一原则在土地法中实现了理性的回归，从封建地主制下的租佃到新型平等互利性租佃，本身也是一个扬弃。

二、典赎之间：苏区典制的改造转化

典制是长期存在于中国民间社会的一种财产交易惯例，按照典制，本息分离，收成只用于抵利息，本金在回赎时支付。"典权"是指支付典价、占有他人之不动产而为使用及收益之权，五代时期的立法开始将土地房屋出典行为规范化，宋元后，国家立法规定了出典交易的详细程序。[1] 在历史发展中典与卖密切相关，"典与卖是如此紧密地联系在一起，以至于典是卖的一般形式，而现代意义上的卖成了典的一种特殊情况。"[2] 对于传统中国典制的研究已经不少，典制在当代的发展演化亦受到关注，但相对而言，恰恰是变动最为剧烈的革命时期的典制容易被忽略，革命法制如何改造传统典制，革命中的普通民众，特别是农民又作何回应，这一系列过程对当代中国的典制又有何影响，这些将成为本章节关注的问题。

（一）革命政法与典制变迁

1. 政策法律的演变

尽管"典"的对象可以有多种，但土地、房舍等无疑是最主

---

[1] 郭建：《典权制度源流考》，社会科学文献出版社 2009 年版，第 4 页。

[2] 吴向红：《典之风俗与典之法律》，法律出版社 2009 年版，第 6 页。

要的，加之中共领导的革命对土地问题的高度重视，与土地相关的典制成为革命法制改造的主要对象。按照革命法制的理解，所谓典地就是土地的所有人把自己土地典与承典人，承典人支付一定的价格（普通是地价的一半）占有出典人之土地使用及收益之权。在契约期间，出典人不付利息，承典人将典地或自耕收租，将租抵息。[①] 在农民的经济逻辑里，典与借贷密不可分：借粮食普通是借三还四。此间借钱不论数目大小，均须以地作押。期满不赎变为典地。典地到期无法赎取或需用钱时，只可将地找价出卖。地主即以最低廉的价格将典地买进；尤其一遇遭荒，地主便得了最好机会，可以用最苛刻的条件将大批土地收买进来，再出租给那些卖出田地的农民去耕种。[②] 不难看出，典往往是卖的前奏，但却是借贷的延续，正因为一方经济持续恶化，才会发生借贷。在此过程中，土地先是被抵押，之后再"典"，最终无力赎回变成绝卖。仅从表面上看，"典"确是农民失去土地主要的一种方式，这直接导致了革命法制对"典"的否定性评价。

在革命发展中，中国传统的典制受到革命法制的巨大冲击。早期的苏区革命中，旧的"典当"的关系甚至一度被取消。1930年，一份处理"借贷问题"的文件[③] 这样规定：

---

① 山西大学晋冀鲁豫边区史研究组编《晋冀鲁豫边区史料选编》（第二辑），1980年，第14页。

② 陕甘宁边区财政经济史编写组、陕西者档案馆编《抗日战争时期陕甘宁边区财政经济史料摘编》（第七编），陕西人民出版社1990年版，第17页。

③ 中共龙岩地委党史资料征集研究委员会、龙岩地区行政公署文物管理委员会：《闽西革命史文献资料》（第四辑），1983年，第226-229页。

土地法案

典屋问题按照下列办法解决

一、因贫苦而出典房屋，其屋仍是自己居住，而纳税与出典者，期房屋归出典人，免纳屋税。

二、因无屋住而受典房屋，其房屋归受典人居住者，期房屋归受典人所有。

三、如出典者与受典者，双方都缺少房屋，则照双方全家成年人口与所有房屋为比例，期所典房屋应归更少者所有。

山林法案

五、如出典者与受典者双方都缺少园地时，则照双方园地多少与成年人口比例，期所典园地，应归更少者所有。

……

四、典当债券取消，当物无价收回。

五、典屋纠纷照土地法房屋规定解决。

六、出典房屋者，由出典人收回。

七、出典其他建筑物，如水车由出典人收回。

在这里，土地、房屋的"典当"等均被作为对无产阶级的剥削关系一概取消，由于贷与典的因果联系，"典当"关系经常与借贷等放在一起处理。而且，早期趋向于采取一种激进的对策，通过彻底取消典当关系来处理，而且处理中明显照顾到经济地位较差一方的利益。这与土地政策中没收地主土地的规定具有内在的一致性。

后来，随着革命的继续发展，特别是抗日战争以后，出于扩大抗日民族统一战线的需要，对于民间典制的态度发生了较大的转变，典当关系开始受到尊重，部分情况下甚至得到法律的保护。晋察冀专门制定了典地回赎办法，明确"处理典地回赎的纠纷，必须坚持保证地主土地所有权，保证农民土地使用权的原则"。陕甘宁边区于1943年出台了《陕甘宁边区土地典当纠纷处理原则》，其中规定典权处理的基本原则是：

甲、在土地未经分配区域，其土地上存在的典当关系皆为有效，出典人得依约回赎。

乙、在土地已经分配区域，其分配以前土地上的典当关系，随土地分配而消灭，原出典人不得回赎。

丙、凡土地分配不彻底的区域，因而发生典当问题的纠纷，应在便利农民取得土地的原则下，酌情处理之。[1]

不仅典制中的土地权得到保障，典制的有关期限约定亦开始受到尊重。1942年的《晋察冀边区土地使用暂行条例》规定："契约已载明典期者，按原契约之规定。"押地于债款已到偿还期而未能偿还者，得依习惯继续付息，其不能付息或契约注明到期必须偿还本利者，得改为典地契约，如债务人不愿改为典地契约时，债权人得申请法院按市价出卖该土地，以其卖得之地价偿还其债务，剩余之地价归交债务人。[2]1942年2月，《中

---

[1] 西南政法学院函授部编《人民民主革命时期法制建设文件选编》（第三册），1982年，第203页。

[2] 西南政法学院函授部编《中国新民主主义革命时期法制建设资料选编》（第四册），1982年，第177页。

共中央关于抗日根据地土地问题的决定》出台，在债务问题中规定：凡典地尚未转成买卖关系者，出典人随时可用原典价依约赎回土地，不得用抽地换约的办法。如已转成买卖关系者，不得赎回。因纸币跌价而在赎回典地时所生之争议，由政府调处之。[①] 1942 年，陕甘宁边区高等法院规定：土地典权之期限除依照双分契载及当地正当习惯外，一般应参酌国府民法物编之规定，但在特殊情形时又须依据中央土地政策决定之精神，同时照顾出典及承典双方之生活。[②] 可见，这一时期革命法制对于典制的态度，开始从完全的革命利益向尊重成文法律，乃至民众的利益、民众的习惯转变。

值得一提的是，陕甘宁边区曾一度否认了违背"典制"的地方法的效力。1945 年，边区的子长县因国民党政府之何绍南占据该县部分土地，地主又从农民手中把分配过的土地收了回去，并进行典当转卖。边区收复何绍南所占地区后，农民因土地发生纠纷，子长县制定"地权纠纷补充办法"，依据《陕甘宁边区地权条例》第 4 条"在土地已经分配区域，土地为一切依法分得土地人所有"，因此规定"土地已经分配，在反复收回中经归地主出卖典当变动了地权者，土地所有权应按分配时分得土地人所有，卖主以原价退还出买人，如因而发生地价纠纷者可即以债务论。"

---

① 山西大学晋冀鲁豫边区史研究组编《晋冀鲁豫边区史料选编》（第二辑），1980 年，第 7 页。

② 陕西省档案馆、陕西省社会科学院合编《陕甘宁边区政府文件选编》（第六辑），档案出版社 1988 年版，第 219 页。

而边区政府针对这一"草案"的批答则说："你县提出之'处理地权纠纷补充办法草案'尚缺乏具体材料作根据，因之本府不能批准。……我们认为你县正在进行之归地办法，须即时停止。至于未经彻底分配土地区域存在的土地问题和农民与地主的关系，应以贯彻减租减息政策适当解决和调整之。"①

革命法制的发展变化也体现在典地期限问题中。在晋察冀边区，立法确定典地的年限经历了诸多争论，《晋冀鲁豫临参会修正土地使用暂行条例》第44条典地年限，有的主张三年，有的主张五年，争论结果，大家同意将原文改为"典地自立约之日起，三年内不准赎回，其三年以上，卅年以内，出典人得随时以原典价赎回"。第46条改为"出典人赎回出租之土地自种，或再行出租时，须复行第廿一条及廿二两条之规定。"第52条"出典人出卖其典地时，承典人有优先购买权"，后增加"出典人出卖典约的期限未满之田地，新主不得收回自种或另出典他人。"②1942年在晋冀鲁豫土地法的修改中，李雪峰指出关于第19条"使承租人专心生产，租地应订立五年以上之契约，但承租人已经有永佃权者，保留之"，后在执行中根据各地实际情况，订立长期契约或有不便，经大家讨论，决议改为"在土地法颁布之时，除已享受永佃权者外，应有双方协议，订立以五年为标准之契约。但

---

① 陕西省档案馆、陕西省社会科学院合编《陕甘宁边区政府文件选编》(第九辑)，档案出版社1990年版，第306—311页。

② 《晋冀鲁豫临参会修正土地使用暂行条例》，载《解放日报》1942年10月4日第1版。

有特殊情形者，可由区村政权批准，订立五年以下期限之契约。"①
出于团结更广大民众抗日的考虑，土地条例修订时对于典地回赎
的年限、庙地的管理与处理都有更合理之规定，处处照顾了民生，
处处着眼于各阶层利益，即使僧道尼姑亦不例外，这对于团结抗战、
团结建国实具有莫大的决定作用。这些立法及修订均着眼于抗战
实际需要，而采取的一种实用化的思路。

在中国农民的经济逻辑中，典与借贷有密切的关系。多数情
况下，生活困顿者先是通过借贷维持生活，待无法按时偿还时，
就采取"押"的办法，将部分财产押出，再不行就转化为典，一
直到最终的卖断。然而革命政策中几乎禁止了一切借贷。但实际
上这与农民的真实需求还有距离，"革命后把反对高利贷看成反
对一切借贷，故有钱的人，有钱也不敢借出。但农民们还是希望
有能够借钱的地方。"②但是，这种绝对化的做法后来也得到了
一定程度的修正，例如对"典"，"过去政府禁止典地，农民私
下典地被没收者不少，致典地形式不能发展。现在在政府批准的
条件下，可以公开典地了。所以自一九四一年起，典地形式即发
展起来。"③本质上，典地是一种民间融资方式，可以在经济陷
入困境时互通有无。革命法制从开始的完全废除，发展到逐步地
认可，乃至保护典权，经历了一个反思与更进的过程。抗战以来

---

① 陕西省档案馆、陕西省社会科学院合编《晋冀鲁豫临参会闭幕修改土地法通过累进负担条例》，载《解放日报》1942年10月10日第4版。
② 张闻天：《张闻天晋陕调查文集》，中共党史出版社1994年版，第52页。
③ 张闻天：《张闻天晋陕调查文集》，中共党史出版社1994年版，第52页。

革命法制对于典的重新确认，无疑对民众具有积极的效用。

2. 革命的土地逻辑

革命法制对于典制态度的发展变化，其中重要的影响因素就是革命时期的土地政策。在中国共产党领导的无产阶级革命中，土地占据重要的地位，土地政策构成了革命政策的核心内容。获得土地是让农民得到解放的关键，而如何获得土地曾经有过争论，赎买是被提出过的一种方式，但赎买有可能使农民陷入经纪人的罗网，故唯一的办法就是夺取地主的全部土地，"不要和地主讲价钱，而要向他们进行斗争"[①]。在中国，"耕者有其田"也是历代农民期盼的理想，故实行"土地平分"的土地政策，也有着中国历史的情理。但这里的"有"，不只是使用、占有，更侧重于所有，也就是完全打破旧的地权结构，重新分配土地。在党的群众路线中，保证农民的土地权，或者减轻地租，也成了发动群众、依靠群众的主要手段之一。刘少奇在《关于减租减息的群众路线》中说："我们革命，不是为老婆，为吃饭，为出风头，而是为了人民群众的解放。一切为了群众，否则，革命就毫无意义。"[②]无疑，典制这一与土地权益密切相关的制度，被革命法制归入生产关系中，以阶级身份来处理。而它作为债务关系的一种，又被视为贫农的革命法制，从侧重于帮扶弱者、减轻债务的单向度考虑，以减低利息等方式冲击了传统典制的核心结构。

---

① 【苏】斯大林著，中共中央马克思恩格斯列宁斯大林著作编译局编《斯大林全集》（第一卷），人民出版社1954年版，第197页。

② 中央文献编辑委员会编《刘少奇选集》，人民出版社1981年版，第234页。

（二）典制变迁的民众应对

从"典"的历史发展来看，它本就是民间财产交易的一项习惯，后来逐渐为国家法所规范。尽管如此，典制中非规范化、实用主义取向仍十分明确。民国时期，河北徐水县即有"假典真卖"以图避税的习惯，从前买地税契，典地不税契。因有躲避税契，希图省费起见，明明买妥，文契竟载有"典当"字样，并有"八十年许赎"等语。[①] 革命以来，虽然缘于革命形势和土地政策的诸多变化，官方的典制在不断调整，但在民间，农民仍不失时机地利用典制的变化，运用其实践逻辑，采取了各种各样的应对策略。这种"应对"经常导致"典"的法律与政策的工具化，及其在实际中的"变形"，背离了制度的初衷。

"假典假卖"。抗战全面开始后，党的典地政策由"禁止"改为规制，对合法的典地行为给予了保护，同时实行了"减租"的政策，减轻贫农负担。有些地主表面赞同"减租"，但实际上采取"假典假卖"的方式，变相逃避负担，拒绝减租。具体的方式有：假立典约，但地主不要典价，也不减轻租额，由佃户代交公粮；或者地主立典约，但佃户立借约，以纳利的形式代替交租，形式上地主已经典出土地，形成典卖关系，实际地主仍占有土地，且租额并未减少。[②] 在陕甘宁，立春后地主提出把租地典出或出卖，

---

① 前南京国民政府司法行政部编，胡旭晟等点校《民事习惯调查报告录》，中国政法大学出版社2007年版，第22页。

② 重庆西南政法学院函授部编《中国新民主主义革命时期法制建设文件选编》（第三册），1982年，第385页。

意在威胁农民，如要种地须多交租子。典地抽回来要出租，原典主要求租地优先权，地主以提高租额或不减租作威胁。[①] 这些现象都显示"典"这一灵活的交易形式，在事实上成了规避政策的工具。为了规制此类行为，1946年《陕甘宁边区征购地主土地条例草案》不得不专门规定："地主对土地隐瞒不报或实行假典假卖等舞弊行为，应没收其隐瞒与舞弊部分。"[②]

反复典赎，赚取价差。在陕甘宁边区，由于发行的边币，与国民政府的"法币"和银元存在兑换关系，一些人即利用"典赎"的办法，赚取差价。1942年，王若飞给谢觉哉的信中曾描述了陕北的这类情形："边区参议会后，赎地问题闹得相当凶。据说专署颁布条例，规定六十年内典地可用边币赎回，边币四元抵白银一两，三元抵白洋一元，一元当法币一元。结果赎地者很多，赎地者，多为破落地主，他们有的卖了一些地以赎回更多地（卖一垧有的可赎回二十垧），赎回之后再典出，因为赎地用边币，典出时取得法币，来回之间，获利甚多。农民反映'这一下子可毁了穷人！'"[③] 这种方式的实质就是部分地主利用边区的双币制度，用法币典出土地，再以边币回赎，典赎之间，获取利润。虽然造成这一现象的根本原因在于边区的货币政策，但典制这一灵活的土地交易方式，无疑加剧了货币政策的危机。

───────────────

① 陕甘宁边区财政府经济史编写组、陕西省档案馆合编《抗日战争时期陕甘宁边区财政经济史料摘编》（第二编·农业），陕西人民出版社1981年版，第360页。

② 陕甘宁边区财政府经济史编写组、陕西省档案馆合编《抗日战争时期陕甘宁边区财政经济史料摘编》（第二编·农业），陕西人民出版社1981年版，第431页。

③ 陕西省档案馆、陕西省社会科学院合编《陕甘宁边区政府文件选编》（第六辑），档案出版社1988年版，第19页。

"抽地换约"。事实上，不止是掌握经济优势的地主利用典制变化获利，一些贫农同样在利用法律及政策，典型的方式就是"抽地换约"。实行减租减息条例后，曾有文件规定：典当地在一定年限之内，出典人可以依原价赎回典地，如出典人一时无力赎回，得立契约，按年行息（一分或分半），抽回典地。例如1940年《晋察冀边区行政委员会关于减租减息的意义与执行问题的指示信》就明确规定："典当地出典后未出三十年者，典物均得回赎。如出典人缺乏现金无力回赎者，应将典物从典权人手中收回，照原典价与典权人订立借贷契约，按年利率一分行息。"[①]应该说这样的规定出发点是为了保障无奈出典土地的贫农的权利，但这样一来，许多地区都被出典人以一张空约抽收了，典权人的利益毫无保障。了解此种情形后，各地政府为了抗日各阶层的利益，下令停止这种办法。中央根据各地的经验明确规定不得用抽地换约的办法。[②]1942年《中共中央关于抗日根据地土地问题的决定》规定："凡典地尚未转成买卖关系者，出典人随时可用原典价依约赎回土地，不得用抽地换约的办法。如已转成买卖关系者，不得赎回。因纸币跌价而在赎回典地时所生之争议，由政府调处之。"[③]抽地在革命巨变的时期也损及典主的利益，在

① 《晋察冀抗日根据地》史料丛书编审委、中央档案馆编《晋察冀抗日根据地》（第一册），中共党史资料出版社1989年版，第324页。

② 山西大学晋冀鲁豫边区史研究组编《晋冀鲁豫边区史料选编》（第二辑），1980年，第15页。

③ 山西大学晋冀鲁豫边区史研究组编《晋冀鲁豫边区史料选编》（第二辑），1980年，第7页。

陕甘宁土地革命区，革命时分的地，失败后地主收回，再把地典出，归地时又归了，出典主要抽地归地人不给抽，典主的地被归了，既丢地又撤价，两头受损。后来只好规定：归地区抽典地，如果典地人吃亏太大，准抽后不影响其应归地数，可调解准抽一半。[①]

无论是对典的禁止，还是对其做出规制，革命的法制的一个前提是，土地的典出方属于弱势一方，而典入土地者为富裕的地主，故需要立法保护经济弱势一方。但实际情形远不如立法时预期的那样，财产充裕的地主一方为了逃避"减租"负担也可能充当出典一方，而贫农缺乏土地，也有用较少的钱"典"入土地者。从民众对革命法制的应对来看，一方面，典地的方式并未因法律的禁止而消失；另一方面，革命法制中典制的不断变化，反而给了部分人借以渔利的空间。尽管出台这些革命法制的初衷是良好的，但从实际的效果看，由于社会现实的极端复杂，革命的土地法制未必达到最初的预期。

（三）典制变迁的司法应对

在革命时期，司法始终以服从革命为第一要务。1943年《晋冀鲁豫边区高等法院工作报告》指出：本边区有单行法者，从单行法，无单行法者，从与政策不相抵触之旧法，无旧法者从法理。这里尤其强调"法理"，是抗日政策的精神及原则。[②]谢觉哉针

---

① 陕甘宁边区财政经济史编写组、陕西者档案馆合编《抗日战争时期陕甘宁边区财政经济史料摘编》（第二编·农业），陕西人民出版社1981年版，第360–361页。
② 西南政法学院函授部编《中国新民主主义时期法制建设资料》（第四册），1982年，第56页。

对司法工作亦指出，"我们的法律是服从于政治的，没有离开政治而独立的法律。政治要什么，法律就规定什么。在没制成条文的时候，就依据政策行事。"[1]因此，尽管在存在法律空白时，"旧法"一度作为可资援用的对象，但在土地这一涉及革命核心利益的问题上，司法当然会以政策为依归，具体地来说，司法对土地典卖纠纷的处置主要是贯彻革命后的土地政策与条例，韩福厚与韩银厚土地所有权涉讼一案，即体现了革命政策的指导作用。该案基本案情是：韩福厚于1929年将土地八垧半出典于强正伦，土地革命后该地被没收，分配给贫农韩银厚、韩占福兄弟二人共七垧。革命失败后，土地归回原地主，故强正伦恢复其典权，当时耕种该地之韩银厚准作承租。后强正伦又改租于韩占全，后又以典价一百元出典于韩银厚、韩占全二人。1937年恢复革命政权，韩银厚认为从其已经分配之七垧土地仍应归其所有，故在1941年韩福厚支付典价一百元要求赎回土地时，典约交还，但仅准韩福厚赎回土地一垧半，是以引起讼争。此案经安定县政府裁判，一直上诉至陕甘宁边区高等法院，边区高等法院于1942年10月做出判决，其简要理由是：

> 查边区现行土地条例第三条规定边区人民经土地革命分配所得之土地即为其私人所有等语，案内系争土地八垧半曾经民国二十四年冬间土地革命时没收后，内划七垧分给韩银厚、韩占福兄弟所有。……案内系争地当土地革命

---

[1] 西南政法学院函授部编《中国新民主主义时期法制建设资料》（第四册），1982年，第170页。

时已为韩银厚所分得，已为当时经手负责分地之韩占宽所
证明属实，即原典主强正伦亦证明该地初实分配与韩银厚，
有其耕种。……韩福厚不应对已没收分配之土地主张收回，
安定县原判认系争地内七垧为韩银厚所有，并无不当。韩
福厚之上诉为无理由。[①]

　　这里值得注意的是民间交易的习惯逻辑与革命逻辑的激烈冲
突，韩福厚主张赎回八垧土地，显然还是基于传统习惯之"典制"，
而罔顾了革命的土地政策；韩银厚则主要持革命的逻辑，经历革
命，土地产权发生了颠覆性的变化，对没收重新分配之七垧土地，
旧时的典卖关系已经彻底消灭，其产权的正当性来源是革命。当
然，对于剩余的一垧半土地，他仍遵循了传统的典制，因而退还
典约，准许韩福厚赎回。

（四）革命时期典制的反思

　　革命时期法制对典制的规定的反复变化，及各阶层民众的种
种应对，实际为我们提供了一个观察立法与社会的极好视角，它
促使我们思考什么样的立法才是符合民众需求的，什么样的立法
才是符合法律本质的，特别是这类涉及民生的民事经济立法。

　　一方面，立法需要对民间的惯例、习俗抱有适度的尊重，往
往顺应民俗的立法在现实中更容易得到执行，否则，即使是出自
善意的立法，也可能在现实中遭遇尴尬。例如在苏区，即使在土
地革命开始以后，习俗和惯例仍维系着乡村社会的运作，革命举

---

　　① 《陕甘宁边区高等法院民事判决书（字第三三号）》，载文绍润、高海深编《陕
甘宁边区判例案例选》，陕西人民出版社 2007 年版，第 50—51 页。

措常常会因为它们的阻抗显得不易贯彻。例如祠田、庙产，本来要没收，但容易发生纠纷，这一政策被迫做出改变。①根据地政策法律对"典"的处理，实际上体现了革命中形式主义的哲理理性至上的观点，却忘记了来自于民众智慧结晶的实践理性、市场逻辑，寄希望于公权力来改变千百年来形成的市场逻辑、经济逻辑，实现革命为了底层民众的目的，在实践中难免发生不妥适的情形。民众在典赎之间已经使政策法律朝着有利于自己的方向改变。因此，对待类似"典"这样的传统法制，或是民间的习惯性规范，需要时刻抱以审慎的态度，在立法与司法中给予充分的理解和必要的尊重，一味地以现代逻辑改造"旧法"，只能造成更大的难题。

另一方面，立法也应考虑到现实生活的复杂性，需要作立法预估，从而在立与不立、怎么立中做出最好的抉择。不作全面考量的立法或政策，只能面临即出即改、旋改旋废的窘境。这样的立法与政策，无论是对于法律制度的权威性，还是对于社会生活的安定性，都不是一件好事。当然，社会急剧变动中涉及典制的革命法制，有其极为复杂的政治社会动因，也有着时间、空间的种种立法局限，我们需要作同情之理解，而不应该以"后见之明"，作过分地指摘。但在政策平稳的社会中，就一般性的立法而言，这样的弊端显然是应该避免的。

就"典制"本身而言，它的形成与发展在中国历经千年，已

---

① 黄琨：《从暴动到乡村割据》，上海社会科学出版社2006年版，第179页。

经蕴含了极为成熟的市场逻辑与实践理性，虽然有时不免体现为对国家法的逃避或"抵触"，但在民事财产法中仍显示出其积极意义。只要不违背强制性法律，立法者在典制中适度采取"留白"的做法，未尝不是一种法律智慧。

三、减死之刑：革命时期的刑罚抉择

儒家文化、三民主义、毛泽东思想对应的分别是三种构建不同类型国家的意识形态，在此背景下关于国家与法律的关系，以及法律本身的目的截然不同，甚至对于法律自身概念的划定都有明显区别。法律中暴力最为集中表现的刑罚体系，因其自身巨大的破坏性决定着它往往会与国家政权之间形成一种不断调适的状态：在传统社会儒家文化之下，刑律（即法律）并不是一个国家政权欣然主动选择的结果（礼才是），国家与法律之间具有一种疏远的关系；在资产阶级三民主义之下，法律是规范政府运作与正当性的基础，国家与法律具有一种靠近的关系；而在马克思主义之下，法律是统治阶层专政与管理社会的工具，国家与法律之间具有一种重合的关系（即往往以执政党的政策作为国家立法的指导思想，法律都是国家的产物，是管理社会功能的基本手段之一）。当法律的社会角色不断发生变化的时候，其具体的内容也会由于面临的任务不同而出现各种各样的表达形式。

以减死之刑为代表的刑罚体系运作再次遇到了重大的变化：一是刑罚执行方式的多样化带来的刑罚执行权运作空间的开辟；二是不同于专业化道路的群众路线下的法律运行的展开，而死缓

制度就产生于这样的大背景之下。我们将关注点集中在革命根据地期间各具有代表性的根据地在关于减死之刑方面的做法，借以分析法律变动背后的思想脉动。

综合而言，革命根据地政权在一种新的阶级区分的价值指导和物质匮乏、夺取政权的目标之下，刑罚体系发生着某些变化。就死刑制度而言，法律在根据地所具有的特殊地位使得它具有高度的战略性和策略性之特征，就此而不得不牺牲某些确定性。无论是正常的死刑判决程序、就地正法以及死刑保留，都在一定程度上打破了原有的死刑减等或死刑替代相对分明的局面，立法、司法与刑罚权之间具有一体化的特征，从而使得在法律之外的权力可以最终决定结果。这固然是特殊的时代背景所致，而由此所形成的打破传统西方法律实体和程序的技术处理却为新中国死缓制度的正式建立以及接受提供了一次尝试的机会。

（一）死刑研究的背景与路径

就革命根据地的法律而言，某种意义上更像是一种中共政策法律化的表达，法律技术显得粗糙凌乱，但似乎也可以从另外一个角度来看待这个状态，即一种崭新类型的国家（或者新的权力组合方式集合体）在萌芽的时候所具有的最为纯粹的状态，我们很难以现有的标准去评判这样的做法是否是正当的，因为这取决于我们的价值立场；我们只能试图去描述它所具有的现实运行方式而评判它在当时是否是恰当的，至少这是一种实然意义上的判定。根据地法从成立起就贯穿于整个战争时代，无论在何种情况下，首要解决的是两个问题：一为生存，二为建设。就生存问题而言，它需要面对的是来自国民政府以及日本的双重威胁，为此所有的以法律为表现的规则都需要不断地为实现这个目的而进行选择或者妥协；就建设而言，它需要不断地在农村地区推进，并渗透到最为基层的社会阶层中。更为重要的是它需要打破原有的在这些地区的阶级分布力量以实现理论上所设计的适应共产党权力根植的社会基础。这是一个不断量化的过程，同时也是一个需要不断自我调适的过程，所以就革命根据地而言，它具有的所有运行规则都处在一个高度的不稳定状态。这不仅是这个时代这个地域的法制特征，也是一个必经的阶段，因为它所建设的是一种崭新的国家权力组织形式，就如同最初的国民政府一样，都具有实验性的色彩。罗列这个时代的关于各个根据地法的内容甚至实践中的法律运作并不是我们需要做的重点，需要解决的是与本节主题相关的三个问题。

第一，死刑的变化乃是刑罚体系的变化，这样的变化更多是基于一种现实的需要，即在相对恶劣的社会环境下，如何选择更为有效的刑罚种类。这既与国民政府时代的整体刑罚发展水平具有密切的关系，同时也与政权革命本身具有的理论资源相联系。就后者而言，它创造了一种全新的分析价值观基础——阶级概念以及分析方法的引入，它的存在几乎重塑了当时根据地的法律、政治、经济乃至文化，而这其中死刑制度的变化相当程度上是这种变化最为深刻的表达。

第二，进入到当时死刑制度的内部，我们可以看到的是一种所谓的死刑执行权（或核准权）日渐凸显，使得死刑在继立法与司法的区分之后，在司法与执行之间也具有区分的法律意义。出现这样的区分方式与当时权力运行的多重层级密切相关，这样的权力具有党权与司法权相互交融的结果，但是这样的方式又与三民主义的国家类型不同。前者显然更进一步，直接用党权实现了一种无论在理论上还是实质上的全面凌驾。正是这样的权力运行方式使得原本具有立法、司法、执行三大基本领域的分工面临着一种实质意义上的混合，从而在实践中推动着死刑制度的变化。也许这样的变化难以用西方法律理论去解析，但是它确实在实践中发生了并且也经历着考验，而这恰恰是最为原始但有效的法律生长过程之一，或者可以认为它是一种中国式的法律生长过程。

第三，政治权力对于司法运行的干预。如果说清末刑事立法改革是一种刚性制度上的设计，则民国时代刑事立法就是一种柔性意义上的干预，或者更为中性而言是一种结合方式。但也恰恰是这种渗透式的结合使得死刑减等与替代之间原本出现的分离局面又有了微妙的变化。所谓政治力量的深入对于刑罚体系的影响更多是在实践之中，而死缓的产生以及规范化更多依赖于一种实践经验的总结甚至是尝试，并没有蕴含太过于高深的西方法律理论，其背后的权力运作、物质基础、传统观念、意识形态反而才是其萌发壮大的根本力量，由此也可以窥视到一种不同于西方形式逻辑下的法律乃至制度形态，并且这种形态也被证明足以成为一种更加深刻而有效率的法律构建模式。

1. 死刑确定的新意义：政权保卫的策略

对于根据地法而言，每个根据地散布于各地并且各自相对独立，各自拥有相同或者相似的权力集合方式以及统一的意识形态的指导。在刑罚体系中，虽自由刑以及从刑的组合皆有不同，但死刑是每一个根据地法都具有的，死刑本身的意义已然不是先前那种关于社会防卫的思想，而更多是一种敌我区分之下的镇压方式，它的正当性与政权本身的存在有直接的联系，并且在马克思主义的意识形态之下，刑罚以及其他相关的不利处分都包含在一个具有群体性的行为词的描述中——"镇压"，而这个词在通常的意义下与革命而不是法律相联系。死刑究竟是一种针对个人犯罪而需要给予不利的法律后果，还是在保卫政权需要下对反对群体适用而使得他们在"国家组织"（还未形成正式的国家，故采用国家组织这个词）处于一个不利的地位？前者处在一种法律评价范畴之下，而后者恰恰处在一个法律评价范畴之外，更为重要的是这样的区分意味着以镇压为表现的死刑并不需要严格遵守死刑应当具有的过程以及在道义、法律上具有的等价报应效果，而是需要适应不同形势下如何捍卫政权。当然我们不可否认任何政权的建立以及维持都会遵循一定的经济以及社会管理的需要，但是需要注意的是马克思主义新政权的诞生不仅仅是一个替代国民政权的过程，更是一个重塑权力布局的过程。将当地的阶层力量实现一种形式上全新甚至颠覆式的组合，就这个过程而言，它需要的是一种全新的善恶生死评价标准，并且这个标准与整个政权的正当性相辅相成。对于死刑而言，它首先是一种具有制约功能的政权自卫方式，其次才可以作为一种评价标准，并且这样的评价标准在名义上并不遵循法律意义上死刑具有个体与个体之间报应论的立场，而具有了群体与群体之间对立的立场。在该种立场下，死刑更容易演化为一种具有群体敌对意义的场域，使得死刑从立法到执行的过程（或者连这个过程都不具有明显的划分）充满了一种可变的策略感，也使得死刑或者死亡的这个结果重新与政权安宁紧密联系起来，死刑具有的象征意义似乎又隆重起来。

根据地法律，尤其是早期法律所体现出来的鲜明阶级立场向世人表明的是一种远远超越法律本身而具有的政治感召力。1933年《怎样分析阶级》在关于如何区分阶级的标准中根据所占有的生产资料（以土地最为核心）以及是否参与劳动、是否对他人有劳动剥削而将个体区分为地主（包括地主、军阀官僚、土豪劣绅、高利贷盘剥者）、富农、中农、贫农等不同的群体，形成了地主、富农、中农以及贫农的对立模式，[①]并由此将这样的评判标准散布到当时的各种法律之中。

1931年《鄂豫皖苏区苏维埃临时组织大纲》第2条："凡苏维埃下面有选举权与被选举权的人，叫做公民。哪些人有选举权和被选举权呢？工农兵及一般劳苦群众，富农、豪绅、地主、反派和一切依靠剥削别人来生存的，剥夺其选举权与被选举权，就不是公民。苏维埃用政权来统治他们。"[②]

---

① 选自1947年12月9日，临县县委翻印《中华苏维埃共和国中央政府关于土地斗争中的一些问题的决定》，转引自韩延龙、常兆儒编《中国新民主主义革命根据时期根据地法制史文献选编》（第四卷），中国社会科学出版社1983年版。

② 蔡鸿源主编《民国法规集成》（卷89），黄山书社1999年版。

《湘鄂赣边革命委员会革命纲领》："彻底铲除封建势力，推翻豪绅地主阶级在乡村之中的反动统治。"①

1931 年《中华苏维埃共和国宪法大纲》第二条："中国苏维埃政权所建立的是工人和农民的民主专政国家——只有军阀、官僚、地主、豪绅、资本家、富农、僧侣及一切剥削人的人和反革命分子，是没有选派代表参加政权和政治上自由的权利的。"②

2. 阶级区分技术下的法律观和刑罚观

如果上述所体现的是宪法纲领式的对于以阶级为区分的群体在政治性权利及关于参与政事上的差别，则在这个时代各种针对反革命犯罪的专门单行法规也同样体现了这样的原则。正如国民政府所颁布的专门用来打击革命党人的单行法规，往往具有比不具有政治意图的普通刑事犯罪更加严苛的法律后果。这个时代的根据地法也同样制定了大量专门针对反革命犯罪的单行法律，并且在这样的法律中，所谓的阶级足以成为超逾行为本身的判定标准。于政权阶级成分一致或者相近的群体而言，他们在量刑上享有更大优势，往往可以成为一个足以影响实质法律结果的标准。需要关注的是并不是阶级成分可以对某个具体案件的犯罪人产生多大的作用，因为这是一个无法精确统计的技术性问题，而且这一种分析给予法律后果的最高标准并不是来自于法律本身，或者说它所进行的判断标准并不是将个人之行为置于整个社会的普世标准上。它所具有的判断是单一的、矛盾式的，是一种并不来自

---

① 蔡鸿源主编《民国法规集成》（卷89），黄山书社1999年版。

② 蔡鸿源主编《民国法规集成》（卷89），黄山书社1999年版。

于自然差别（如男女、成年人和未成年人等），而是来自于对生产方式所形成的财富来源的正当性，及是否具有剥削行为以及拥有现实的生产资料。当一种理论将人类社会的根本动力界定为生产力，就意味着就每一个文明而言，它所能达到的进步程度将与生产力的发展密切相关，而法律则是作为生产力的政治成果的一部分而必须与生产力的发展水平保持一致（至少是围绕生产力水平上下波动），于是一种新的文明进步的判断标准就由此产生。其首先的前提是认为历史是线型发展，并认为人类可以以自己的行为去适应如此的演进规律，并且依照阶级区分的办法将人类社会的发展区分为若干个阶段。但从根本上而言，只要是一种更高形式下的生产力的结合方式就意味着一种天然的正当性，而无论这样的布局是否在当时具有合法基础，即它将法律解构为一种特定历史阶段的产物，而并不是具有恒久不变的坐标原点。于是法律并不足以成为一种单独或独立判断文明进步的标准，而必须与生产力以及阶级本身挂钩。任何阻碍这样历史线型进步的制度乃至思想都具有淘汰的必要。更为重要的是这样一种意识形态中没有任何制度可以具有普世价值，仅仅具有相对真理的色彩。包括法律制度在内的一切制度都应当服从这样一个更高更宏观的文明演进规律而不断进行调整。

就个体与国家组织而言，以死刑为代表的刑罚体现的是国家公权力对于公民个体干预所能到达的广度和深度。封建时代的死刑虽然过程残酷，但是恰恰体现了国家对于死刑威慑力的依赖需要社会全体成员在价值观上的一致才可以产生社会效果。近代社会死刑的秘密执行，虽然过程简化、手法人道，但是却恰恰体现出国家对于个体公民可实现的人身以及思想控制的深入而毋需借助社会其他成员得以直观展示，仅需要一种信息传递即可。在马列主义的意识形态下，对反对阶级的镇压被视为一种国家生存权构建的基础，并且这样的基础是将某个阶级本身排除在政权组成之外而将法律作为一种区分对待的工具，即所谓的与政权组成不一致的敌对矛盾，以及政权阶级的内部矛盾。由此，法律尤其是刑法成为一种区分技术的体现，并且区分标准来自于更高一级的原则，它与个体具体行为无关而与群体所处的经济生产方式先进性有关。于是就新政权组织而言，它所具有的本质关系是一种群体对于群体的控制，而不是将个体作为法律运作的起点。就中国传统法律文化而言，在家族利益与国家利益的互动关系上，群体的出发点在技术上具有相似性。死刑这种最为严厉的刑罚，其适用背后也同样体现了阶级利益的对立。当时死刑适用范围基本分布在三种情况：第一，针对革命政权的破坏活动；第二，特别严重的刑事犯罪，如盗匪以及官吏贪污犯罪；第三，在抗日战争时期针对汉奸等危害民族安全的行为，其余的犯罪行为都更多的采用相对柔和的方式，比如调解的大量适用。以上的做法充分体现了马列主义、传统法律文化以及民族主义在某种程度上的结合。

3. 根据地时代的刑罚体系新特征：物质限制和目的保障

当法律，尤其是刑罚的主要功能不再是为实现一种个人与个人道义之间的平衡，而更多为专门针对以阶级区分为标准的特定人群以及政权整体安全与生存的需要，此时死刑不再诉诸于保障人权以及保卫社会之间的某种张力区间而具有一个可以自我约束的范围，而是依附于政权生存与发展的需要，将适用的范围倾向针对政权之外的具有所谓敌对关系的某类人群。由此在这种根本正当性标准的区分技术下，死刑的设立以及适用本身就具有天然的合理性，所要进行调整的是如何使得死刑适用取得更好的效果。至少在这种历史发展阶段，死刑适用的争议不在于本身是否具有正当合理性，恰恰相反，死刑的合理适用反而是展示政权具有革命正当性的一种方式，体现出一种彻底性。因此，无论各个根据地刑罚布局如何，死刑始终如一地存在。表2是关于革命根据地时代各个主要的根据地的刑罚体系的大致罗列。

表2　主要革命根据地刑罚体系表

根据地名称	主刑	从刑
晋冀鲁豫边区	死刑、无期徒刑、有期徒刑（六个月以下十年以上）、劳役（一日以上至六个月以下）、罚金、当庭训	诚褫夺公权，没收财产
太岳区	死刑、无期徒刑、有期徒刑（一年至三年）、劳役（一日至二年）、罚金	褫夺公权，没收财产
晋西北区	死刑、有期徒刑、劳役、罚金	褫夺公权，没收财产
山东根据地	死刑、无期徒刑、有期徒刑（一年以上至十五年）、劳役、罚金	褫夺公权，没收财产
淮海区	死刑、有期徒刑（最高为十年）、罚金、拘役、（一日至十二个月）、管束（一日至一年）	褫夺公权，没收财产
苏中区	死刑、有期徒刑、拘役、劳役	褫夺公权，没收财产

对于上述根据地的刑罚体制，除了均确定死刑之外，我们需要注意两个方面。

第一，就刑罚的技术分类而言，主要区分为死刑、自由刑（包括长期的监禁刑以及短期的劳役刑）、罚金刑，而从刑皆为相同的褫夺公权和没收财产。就劳役刑而言，与有期徒刑或者拘役的区别在于，劳役是在宣判并给予相应的教育之后，被分遣到相关的单位服役，一般而言是回村庄服役。当时的《解放日报》认为这样的做法可以使初次犯轻微罪行的人免于受到其他犯罪恶习的沾染，同时给予适当自由的做法使得犯罪人的自尊心不至于受到过多的伤害而仍保有奋进的情绪，^① 实践中该种刑罚多适用于简单轻微的社会犯罪。而有期徒刑一开始设定的服刑时间就相对偏短，例如陕甘宁边区在抗日战争初期曾将有期徒刑定为 5 年，且并没有设定无期徒刑，以致形成了死刑的减等之刑，即 5 年有期徒刑，两者之间的差距过于悬殊，实践中一方面令死刑不适当地扩大，而另一方面有期徒刑不足以实现量刑的平衡，故 1942 年的陕甘宁边区政府委员会第十三次会议将有期徒刑最高刑期延长为 10 年。^②

第二，无期徒刑作为死刑减等的惯常做法并没有得到普遍的确立。无期徒刑在抗日战争年代基本有两种做法，第一，明确废除无期徒刑，理由是：①出于人道主义的考量而认为无期徒刑与社会全然隔离。虽然生命得以保全，但这几乎与死刑无异，并且所谓有期徒刑尚能使犯罪人经过改造教育而成为一个合格的公

---

① 《解放日报》1941 年 10 月 25 日，转引自张希坡主编《革命根据地法制史》，法律出版社 1994 年版，第 223 页。

② 《解放日报》1941 年 10 月 25 日，转引自张希坡主编《革命根据地法制史》，法律出版社 1994 年版，第 223 页。

民，但是无期徒刑则意味着剥夺犯人的这种机会；②不符合教育改造的原则。犯罪人由于感到终身无恢复自由的机会，故易自暴自弃而无法切实实行改造，亦不符合当时政府的刑事政策；③抗战时期需要大量的兵源，若采用无期徒刑就意味着兵源的浪费。若以此人尚能生育 2~3 个子女计算，则损失更大，因而无期徒刑是一种"令人绝望"的刑罚。[①]就保留死刑而言，设立无期徒刑是一种当时世界大多国家普遍的做法，但根据地官方媒体所列举的关于废除无期徒刑的理由，可以理解成在战事特殊情况下为了保留有生的兵源而不得不暂时放弃对犯罪人刑罚部分甚至全部的追究。这样的做法在传统社会的早期赦免制度中有所体现，例如在秦二世时代曾赦免部分犯罪人以使其作为平定叛乱的军事力量，而在近代民国政府也同样在特殊的情况下免除某类特殊的犯罪人部分或者全部的刑罚以疏通监狱、开垦荒地，乃至直接作为兵源。[②]对于革命根据地而言，由于始终处在一个战争的状态，给予长期稳定而有规范的监禁刑的适用不具备必要的物质条件。即使是首个具有优越地理位置和屏障而相对安全的陕甘宁边区也难以保证可以实施这种需要大量社会资源投入的监禁刑罚。故对于某种刑罚种类而言，价值选择上的考虑会深刻影响该种刑罚的设立乃至适用，同时物质条件的充裕也是某种刑罚得以开展的前提。

---

① 《解放日报》1941 年 10 月 25 日，转引自张希坡主编《革命根据地法制史》，法律出版社 1994 年版，第 223 页。

② 蔡鸿源主编《民国法规集成》（卷 68），黄山书社 1999 年版。

　　死刑与无期徒刑区别的重点并不在于生死之别，而是对于犯罪人而言，如果没有机会实现"改造"，就似乎与死亡没有区别，而这种判定背后的关键就在于对犯罪人而言，它首先具有的罪恶是一种思想意识上的不符合要求，而由此引发了犯罪行为。对该犯罪人而言只有对其"灵魂"进行改造才能使他可以归于政权正当性的价值之下，于是原本犯罪行为的判定标准由一种个体之间的利益转入了由政权所统一的意识形态之下，直接越过个体与个体，将个体（或者阶层）与政权的直接控制赋予刑罚的正当性。在这种个体与政权组织关系下，政权组织的整体判断覆盖了个体之间的差异，使得一切矛盾皆可容纳其中。

　　就当时而言，刑罚的适用具有典型的两极分化的趋向：一是对以反革命罪以及汉奸罪等为核心的犯罪行为的严厉打击；二是对普通的刑事犯罪（尤其仅限于私人之间的利益矛盾）往往采用调解或者给予较轻的处罚。由于现代刑罚的正当性来自于个体之间道义上绝对或相对等价的报应，而目的刑的出现则表明了政府所处的中立色彩的打破而需主动介入个人与社会整体利益的平衡中。在马列主义意识形态之下严格依照（当然后来因为时势需要而有所调整，联盟不同的阶层或者阶级，但是领导阶级不断推进土地分配制度的做法并没有停滞，只是采用了更为温和的方式）一种敌我关系对立来进行划分，而政权以一种内外有别的方式首先判定该种冲突的性质，而后进行不同路径的处理。故就该政权而言，出发的起点在于将整个价值判断集中于阶级的区分技术，而开展一种以此原点作为起始的价值判断规律以及相应的处理方式，将个别化的冲突嵌入群体式的冲突当中而获得一种具有类似先验的力量。

对于司法实践而言，纯粹意识形态的假设并不能替代现实中所要面对的社会矛盾，无论这样的矛盾在理论上被划分成何种性质。对于除了死刑的执行之外，所谓的监禁刑或者劳役刑的适用都具有社会化或者具有"群众路线"的特征，它并不苛求将犯罪人的身体固定在某个狭小的物理空间内，而是将其放置在一定环境中接受一种几乎无所不在的社会化管理。显然作为刑罚资源的前提是具有一种不利后果的剥夺，对于当时的监禁或其他刑罚而言，处在一种没有政治权利并且被迫服劳役以实现一种思想上的纠正比单纯地控制人身自由更加具有刑罚的目的或者意义——为政权的稳定而实现一种思想上的改造以求得某种回归。

上述理论展开而得到的最直接效果就在于判定标准的转移（由行为或者社会危害性而转向思想的正当性）使得对于任何一个犯罪人而言，正当性的过程是可逆的，而不是道义上的单向（当然最早的那种绝对报应刑的严格做法也是不存在的），于是就出现了：第一，将司法的判定纳入更高一级的权力总体运作之下；第二，死刑适用过程应当可以进行某种方式的分割而将死刑延到一种可调整的空间。

（二）死刑执行权与权力控制术

国民政府在诉讼的程序架构中并没有特别突出死刑的特殊性，死刑与其他的案件几乎共同分享着同一套诉讼技术，仅仅在刑法中原则性地规定所有的执行都需要司法行政处的批准，但事实上作为司法行政权并不具有一级审级的功能，也不具有实质审查的功能，[①]更多地具有一种象征意义以及统计意义。但是对于根据地时代的死刑而言，死刑制度开始出现了某些变化，而这些变化几乎都出现在立法、司法领域之外的执行领域。有学者总结此时的死刑执行形式主要体现为三种。[②]

第一种是最为普遍的做法，即依照司法审理的结果判处死刑最后被执行。

第二种是所谓的就地正法的做法。根据太岳地区、太行地区、山东根据地以及晋察冀边区的相关法律规定，对悬赏捕获的敌人，无论军民皆可直接适用死刑（或者严格而言是一种特殊的死刑）：① "对于罪恶昭彰、住敌占区或敌据点之死心塌地的汉奸及群众所痛恨的土匪，不能逮捕归案者，经县长呈请专员批准，得宣布就地正法，即不经法庭审判，人人捕而诛之。若该犯确有悔改表现，县长也可以宣布撤销此案。"[③] ②在苏中行政公署以及苏中军区联合发布的《处理汉奸军事间谍办法》中规定 " '清乡' 时期及战时之汉奸以及现行犯，如有武装拒捕情形，或随同敌伪行动而无法逮捕时，无论军民人等均得格杀之。"[④]

---

① 黄伟明：《死缓制度的当代价值》，科学出版社 2007 年版，第 185 页。

② 张希坡主编《革命根据地法制史》，中国人民大学出版社 1990 年版，第 494 页。

③ 张希坡主编《革命根据地法制史》，中国人民大学出版社 1990 年版，第 494 页。

④ 韩延龙、常兆儒编《中国新民主主义革命根据时期根据地法制史文献选编》（第三卷），中国社会科学出版社 1983 年版，第 428 页。

第三种是死刑保留的出现。这是太岳地区在实践中所创造出来的一种死刑的变通执行方式。在 1944 年《晋冀鲁豫边区太岳区暂行司法制度》第 32 条规定："保留期间一年至五年，对死刑、无期徒刑但可以争取者之处罚。"[①]第 33 条规定："不能单独使用之处罚，例如死刑保留单独使用，有时会形成没有处罚的现象，可与其他处罚教育，徒刑，罚款，讨保，具结等并用。"[②]

1. 正常的死刑适用

针对正常审判程序下的死刑适用，死刑执行权与死刑审理权的相分离。根据《晋冀鲁豫边区太岳区暂行司法制度》第 27 条的规定："无论任何案件都应经过法庭的讨论，由庭长、主审、请审参加，最后决定权属于庭长。""处死刑案件经法庭讨论决定后，并应经各级政府之行政会议通过。需要紧急处决之死刑案犯，可以召集临时会议，由各级行政负责首长召集司法科长、公安局长讨论决定。"第 41 条规定："对死刑案犯实行复判制度。第一审法庭判处死刑之案犯，除特殊规定外，均应送第二审法庭复判，未经第二审判庭批准，不得执行。"第 44 条规定："对于第二审法庭批准处死刑之案犯，认定杀之过当，可以说明理由，提出具体意见，请求改判。"第 47 条规定："第一审法庭在紧急情况下（或经专署特殊委托之县）处决死

① 韩延龙、常兆儒编《中国新民主主义革命根据地时期根据地法制史文献选编》(第三卷)，中国社会科学出版社 1983 年版，第 430 页。

② 蔡鸿源主编《民国法规集成》(卷 90)，黄山书社 1999 年版。

刑案犯，事后应将卷宗抄判补送第二审法庭备案。"① 对二审法庭而言对于此案遇有欠妥，可以边备案边批评，若三次备案不过则相应的人（县长）就可能受到形式或者行政处分。第55条规定，二审及三审判决死刑的案件，都需要经过行政会议决定才可执行。

《赣东北特区苏维埃暂行刑律》第25条："凡执行死刑，非经特区苏维埃人民委员会批准，不得执行。"②

《晋冀鲁豫边区破坏土地改革治罪暂行条例》（1948年1月19日）第10条："判处死刑之人犯应依其犯罪性质，分别经过省、县政府批准执行。"③

《苏皖边区第六行政区人民法庭办事细则》第10条："在土地革命期间，区村临时人民法庭判处死刑，须报请行署区人民法庭批准。"④

《哈尔滨特别市民事刑事诉讼暂行条例（草案）》（1948年10月24日）第10条："判处死刑之人犯，应依其犯罪性质，分别经过县以上政府批准执行。"⑤

《修正淮海区审理司法案件暂行办法》第21条："第一审司法机关判决死刑之案件，虽经确定，仍须将全案卷宗、证据、

---

① 蔡鸿源主编《民国法规集成》（卷90），黄山书社1999年版。
② 蔡鸿源主编《民国法规集成》（卷90），黄山书社1999年版。
③ 蔡鸿源主编《民国法规集成》（卷90），黄山书社1999年版。
④ 蔡鸿源主编《民国法规集成》（卷90），黄山书社1999年版。
⑤ 韩延龙、常兆儒编《中国新民主主义革命根据时期根据地法制史文献选编》（第三卷），中国社会科学出版社1983年版，第346页。

物件呈送第二审司法机关，核准后方得执行。"①

以上是各个主要革命根据地在死刑执行制度上的基本做法，即当法庭判处犯罪人死刑之后，是否执行、何时执行的权力几乎都不在法院本身（尤其当这个法院或者法庭的审级比较低的时候）。就当时的法律文本而言，最为主要的做法为由该法庭之上的行政权力机关批准方可执行。而在解放战争后期，部分解放区建立了相对完备的法院体系，则由上级法院批准后方可执行。上述所呈现出来的程序性的特点，需要关注的是：第一，死刑案件开始在程序上与普通的刑事案件相区分，案件并不仅仅依据刑罚种类区分，案件性质也同样具有区分的功能，但是至少在当时，死刑结果在政权组织的意识形态中表现为镇压的最高形式而具有了其他刑种所无法比拟的意义。这样的意识形态或者是顺应了农村地区所遗留的传统死刑象征意义，但是也同样与新生政权的敌人刑罚观相一致，是一种镇压反对阶级保卫政权的手段，具有天然政治宣示的色彩而需要依赖一定过程的展示。第二，对于死刑案件复审制度的启动更依赖于司法权（或者是某种权力）的主动启动，并呈一种向上负责的单向流动方式，即下级司法机关审判完毕的死刑案件如果允许被判处死刑，则它的执行需要依赖同级或者上级权力机关的批准。如果审级所规定死刑案件必须经过复判，则死刑案件的上诉是一种权力内部行政命令式的传递，而不是依赖当事人上诉权的启动。就

---

① 韩延龙、常兆儒编《中国新民主主义革命根据时期根据地法制史文献选编》(第三卷)，中国社会科学出版社1983年版，第348页。

司法权的性质而言，在西方法学理论中几乎是一种与行政权相对立的权力，中立、被动、独立、具有价值判定上的最终性。但是在革命政权的权力布局中，司法权仅仅为人民最高权力之下的一种分工，它的独立工作是相对于一种横向的分工而不是一种纵向的权力传递。就中共政权的权力布局而言，最普遍的形式在于每一级具有一个综合的最高权力统一，而这个最高权力又与行政命令和服从关系紧密联系在一起而使得最高层级与最低层级之间信息命令的传递以一种最高效的方式进行。故在这个权力体系中，权力的终点与权力的性质并没有必然的联系，而与权力的层级有密切关系。由此，对于以死刑为代表的刑罚本身不但面临着立法与司法之间空隙的拉大，更为突出的是司法与执行权之间区分的实质意义正在消失，司法权的权力正渐渐转移到执行权中。虽然在社会防卫论的理论作用下，"人身危险性"概念的确定和引入使得监狱执行具有了自我发展的权力空间，从而形成了与立法、司法相抗衡的第三领域，但是区别在于前者是一种预先规定的实体性权力，而后者执行权的分裂则是一种纯粹的程序性权力，但是本质上为一种具有行政色彩的权力介入方式。上一级权力可以在法律运行的任何阶段以任何形式介入，或是执行权，或是监督权，或是审判权，等等。因此时任根据地最高法院院长的谢觉哉曾承认根据地的司法权实质上是一种"半权"。① 我们很难用现在西方式的司法独立起

---

① 候欣一：《从司法为民到人民司法》，中国政法大学出版社2007年版，第58页。

点来评价这样的一种"半权"是否是一种最佳的权力设计，就如同我们无法评价在面临政治与经济近代转型任务时的国民党的一党统治方式是否是最佳的一样。但是仅仅从法律运行的技术性角度而言，中共政权中对死刑案件特殊的复判制度以及将审判权与执行权的彻底分开使得死刑的适用过程在继缓刑、假释等执行方式之后，从程序上又开辟了一块调整空间，并且这样的空间采用的是一种更接近程序性的方式，这足以切断整个死刑运行的过程而更改最终的刑罚结果。

2. 就地正法：死刑过程的简化

针对重大犯罪（往往为反革命罪、汉奸罪等具有危害整个政权、民族根本安全的行为）所采用的"就地正法"的方式在人民司法的指导下，程序不再必须依靠法律支撑构建起来而与普通消灭肉体的过程相区别。如果执行权分离的做法是一种对死刑过程的充分利用，而以实现一种司法权之外的权力干预，则就地正法的做法在技术上意味着一种死刑程序的严重压缩（不是抛弃）。"就地正法"一词出现在清末对捻军的镇压过程中，是中央给予地方官员处决人犯的一种临机专断之权，是一种例外的形式，并且在事后仍然需要上报中央。虽然中央最终下诏收回了这样的权力，但是权力易放难收的规律依然得到了印证，在之后的种种镇压行动中，就地正法难以禁止。相较于清末就地正法所具有的浓厚军事色彩，根据地法律更具有一种人民战役的特征，从理论上它将死刑的执行权赋予每一个人，从而意味着犯罪人不但失去了法律的保护，并且在法律上已经是一个

"应当死亡"的人。在西方的法律理论中，无论是形式逻辑下的大陆法系或者是经验逻辑下的英美法系，法律对于他们而言都是一种高度专业化的分工结果，虽然法律所体现的是一种社会主流乃至普世的价值，但是在具体的运作上却必须依赖少数人。而就地正法所体现的做法无疑具有发动群众，以尽快抓获乃至直接消灭敌人的直接目的，这在本质上具有军事命令的色彩，但是命令的对象并不限于军人，而是直接针对普通的民众。这样的做法一方面的确可以最大效率地实现镇压的目的，另一方面也得益于一种政权具有的高渗透性。从理论上而言，该种行为的巨大危害特征使得作为政权所代表或保卫利益的阶层可以被赋予直接刑罚执行权，但是真正深入实践中，如果用该种逻辑去分析就显得过于华丽。作为一种抓捕的手段它显然超逾了死刑最为原始的威慑功能而具有一种实在的控制功能。针对民众具有的是一种死刑执行权而非决定权，从而将死刑的司法过程压缩到最小。

3. 死刑保留：死刑过程的延长

就死刑保留的方式而言，它在技术上已经具有了现代死缓的雏形。首先，它仅在司法程序中与死刑有所区分，但是在相应的实体法中并没有显示出死刑以及死刑保留之间的区别；其次，保留期间长短并没有固定下来，而是具有不确定的1~5年，并且这样不定刑期内给予的处罚也由于所结合的刑罚种类不同而可以与徒刑、罚款、讨保、具结等结合，可能出现多种结果，可以收监关押，也可以在取得保释后释放。由于缺乏第一手的案例资料，我们无法知道究竟在何种情况下适用与徒刑结合，何种情况下与讨保结合，可以使死刑转化到徒刑乃至释放的结果。但是就理论上而言，死刑保留本质上是一种违背现代"罪刑法定"原则的不定刑期，它不具有现代法律所要求的可预测性。但是在当时的特殊环境中，不但死刑的执行充满了变数，即使是徒刑等也并不切实依照判决执行。我们需要关注的是这种不确定性背后的逻辑话语是如何理顺的。对于某个具体制度而言，或许在不同的环境中会呈现不同的形态，但始终如一的正是不断变化背后不变的理论逻辑。通过对犯罪人观察所得而推断出犯人改造的效果，如果实现了改造则给予刑罚就是一种多余，故对于死刑也同样如此。如果能通过劳动等方式对他们进行教育，则即使是死刑也同样没有实施的必要。由此我们从以下几个层面进行剖析：第一，犯罪人需要通过某种方式实现改造，这种改造方式或是劳役或是思想教育；第二，劳役改造的目的在于改变不良的恶习，如好逸恶劳等，而思想教育的目的在于矫正一种与阶级意识形态不相符合的不良思想；第三，对于犯罪人而言他们是可以被改造的，并且刑罚的目的就在于实现犯罪人的"重新做人"，而此人与彼人之间的区别并不在于肉体而在于"灵魂"。于是，区分人与人的标准就在于"你"是否具有与意识形态相符合的思想；第四，犯罪行为的产生首先是由于思想意识上的变化，这种思想正是犯罪行为产生的动因，故只有对这种思想进行清理才可以实现对一个人彻底的矫正。更为重要的是，只有拥有了正确的思想观念才可以被认定为具有与政权相兼容的可能，否则就是政权需要消灭（镇压）的对象；第五，如此思想的产生来源于一定的物质生产方式的落后，例如剥削行为，使得犯罪人具有堕落的天然倾向。尽管经历了肃反扩大化的事件而使得阶级分析的标准逐步与犯罪行为以及犯罪人的评价脱钩，但是纵观整个根据地法律，阶级标准的区分始终存在。正是对犯罪人可以并且应当给予改造的思维而引申出刑罚的终极任务在于矫正而不是报应，故刑罚的适用自然可以随着犯罪人改造的实际情况不断地予以调整，直到完成这个任务。这种策略背后所坚决维护的是不容置疑的革命政权以意识形态为标准的敌我区分，而刑罚是这种区分最鲜明集中的体现。

（三）司法权减等与政策平衡

对于根据地法律而言，敌我矛盾式的意识形态主导使得刑法具有了一种专门针对保卫政权安全的任务，针对较轻微的刑事犯罪以及同盟阶级之间的冲突则被认为是一种次要的矛盾。敌我双方之间的矛盾以及我方内部矛盾的界定在本质上是一种利益的平衡。在线型史观的作用下，二者共同统一于生产力的不断进步，当然在革命政权的实践中并不需要如此理论化的表述，而更多出于一种新生政权生存的本能以及对未来社会形态的坚定信仰。马克思主义在中国本土化的过程在一定程度上也可以认为是群众化的过程。司法权运作最优越的状态并不来自于强力，而是来自于对司法权威的信服。如何实现这样一种权威至少在国民政府的法律运行状态中给予了一个命题：拥有完善的法律并不意味着就可以拥有良好的司法。

对于一个新生的政权而言，无论是外部环境或者内部的条件，以及意识形态中关于法律的性质，都决定了它并不具有制定完善法律的能力，但是作为一种调整社会的基本手段，它的功能是不可替代的，为此如何解决矛盾远远比如何细致地操作法律更加具有现实的重大意义。当一个外来的意识形态需要在最为传统的地区不断渗透并且扎根时，与乡土社会传统的融合是必须的。对司法权运行而言，刑法适用具有对内解决矛盾，对外展开镇压的功能。重大案件的审理不但在外部的司法权与执行权之间因某种分离而形成一个可以弹性操作的空间，普通案件也可以实现从死刑到生刑的转化，并且这样的转化又不完全等同于国民政府专注于刑罚等级加减规则的设立，相反在根据地由于物质条件的匮乏和不稳定，刑罚的制定显得相对粗糙，而实践中的执行又变化出各种具有"人民路线"特征的方式，例如管束、讨保等具有传统乡土社会特征的方式。

需要说明的是，第一，根据当时的特殊情况，法律文本中曾切实规定了可以通过调解而解决的案件类型，例如1946年的《冀南区民刑事调解条例》第2条规定："除下列各罪不许调解外，其他各罪均得调解。汉奸特务罪、盗匪罪、杀人罪、贪污渎职罪、危害军事罪、妨害选举罪、藏匿人犯湮灭证据罪、伪造公文印信罪、妨害水利罪、破坏交通罪、伪造度量衡罪、烟毒罪等等。"①1943 年《陕甘宁边区民刑事件调解条例》中不许调解的案件也主要包括针对政权有直接威胁的具有革命性质的案件、盗匪类案件、官员职务犯罪案件、烟毒类案件、破坏社会公共安全以及妨害司法制度的案件、特别严重的刑事案件（仅有故意杀人一种情况）②。第二，在 1942 年陕甘宁边区的 155 名司法人员中，专业的司法人员比例比较低，他们大多是在抗战以后从国统区而来，又往往被派往高等法院或者分庭一级，③对当时最为基层的审判一级并没有直接的作用，并且审级虽然已经建立，但是在实践中运行并不严格，许多民众并无严格的审级观念，因而经常会发生越级上诉，或者直接去政府上访等现象，加之当时政策规定法院不得拒绝，由此在非基层的法院也同样会遇到各种类型的案件。第三，陕甘宁边区是成立最早也是存在时间较长的根据地，并且相较其他根据地的延续性更加突出。尽管每一个根据地都拥有一套相对独立的制度，但是根据地之间相互借鉴的做法也使得陕甘宁边区的做法具有一种代表性。故我们选择了在陕甘宁边区所发生的基层案件，从其判决结果以及判决理由的论述来观察司法权是如何在审理过程中实现一种特殊意义上的"减等"的，以下是部分当时（1943—1949 年）

---

① 候欣一：《从司法为民到人民司法》，中国政法大学出版社 2007 年版，第 102 页。

② 候欣一：《从司法为民到人民司法》，中国政法大学出版社 2007 年版，第 104 页。

③ 费正清编《剑桥中华民国史》（下），中国社会科学出版社 1992 年版，第 332 页。

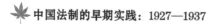

案件的大致审理结果和理由的概括①。

表3　1943—1949年大案审理情况

案件类型	案件事实	判决结果	判决理由
王光胜汉奸案（1940年）	7次在饮水中投毒，为敌指示轰炸目标，诱使青年充当汉奸、进行汉奸宣传、污蔑八路军、为敌刺探情报、企图窃取文件公章后逃跑。	死刑	虽年仅18岁，但计划严密周详，又非偶然受到汉奸欺骗利诱，依照国民政府修正惩治汉奸条例处死刑。
朱有三汉奸案＊（1939年）	受到诱惑收买，在边区刺探八路军消息，造谣欺骗群众，为敌指示轰炸目标。	有期徒刑三年	因穷苦关系见钱心动，以致堕落为汉奸走狗，虽替汉奸做事，为时不久，作恶尚无显著事实，应当争取教育，使其转变，处汉奸罪。
李远清为敌作探案（1939年）	为日寇驾驶车辆，运送粮食汽油等。后受日驱使以经营饭店为名网罗汉奸刺探军情，散布荒谬言论。	死刑	为肃清敌探汉奸工作，争取抗战胜利，判出卖祖国为敌作探罪。
惠致斌强盗案（1938年）	参加革命后投入匪股，多次抢劫枪支财物，残害百姓致死。	死刑	为加紧巩固抗日后方，争取抗战胜利，判处强盗罪。
柳春法等劫枪叛变释放犯人逃跑为匪案（1939年）	勾结土匪，主谋组织叛变暴动，意图杀害法院工作人员，勾结犯人逃跑，继续扰乱抗日后方。	死刑	此类顽固不化之徒，实无法再教育争取，判其组织抢劫叛变释放犯人逃跑为匪等罪。
鲍立道破坏土地法令案（1940年）	身为代理区长、政府干部，私自登记收回已被没收分配的土地，并将公有的土地窑洞私给其当过豪绅的舅父。	有期徒刑三年六个月	为严惩贪污，发展经济建设，充实抗战力量维护群众利益，判为破坏边区土地法令罪。

---

① 汪世荣：《新中国司法制度的基石》，商务印书馆2011年版，第158-164页。

续表3

案件类型	案件事实	判决结果	判决理由
马得凌破坏边区案(1941年)*	叛变革命,参加反动组织,进行反共及围剿苏区的活动,在边区组织情报网,侦查情报,多次供给敌方情报,收买落后分子。	有期徒刑五年	罪大恶极,本应依照惩治汉奸条例处以极刑,但为团结抗战,本着宽大的刑事政策,极力争取,处破坏边区罪。
王占林杀人案(1943)	王占林与王凤英通奸后,杀死王凤英之夫后逃跑,并略诱王占娃同行,途中与王凤英结为夫妻。	死刑	杀人罪。
吴占福杀人抢劫案*(1941年)	吴占福曾为匪抢劫,后混入革命队伍,又借故逃跑,拐诱、奸淫妇女,并杀害其合伙经商者,抢劫其财物。	有期徒刑五年	罪恶深重,本应处死,但因死者家属未经追诉,且有老母在堂,生活困难,需要抚恤赡养,为抗战期间珍惜人力。判处其为杀人抢劫罪,教育促进其感化。
王季双冒充公务人员私行拘禁人民案*(1941年)	私行拘禁王氏母女,审问恫吓,意图陷害以报私恨,并假借保安处名义质问地方法院,干涉案情。	有期徒刑一年	本应严加惩治,但念其年轻,犯罪动机不含有政治破坏企图,从宽判处,以资教育转变。
党凤梧侵吞公款案(1938年)	党凤梧作为公务人员,负责管理碳厂企业,放弃职务,侵吞公款,公然贩卖鸦片作为个人营业,剥削工人以饱私囊,致该矿遭损失,工人备受剥削。	死刑	为了严惩贪污、保障工人利益、巩固战时生产,应给予最严厉之制裁,处侵吞公款、贩卖鸦片、舞弊营私、剥削工人、破坏公营企业罪等。
肖玉璧贪污渎职逃跑案(1941年)	肖玉璧贪污、克扣公款3050元,更携带款项税票逃跑,叛变革命。	死刑	影响极坏。为严惩贪污,教育干部,依照《陕甘宁边区惩治贪污暂行条例》处贪污、渎职、逃跑等罪。
明海渎职案*(1940年)	身为医生对工作不负责任,延迟救治时间致一革命同志因伤毙命。且在工作中不听指挥,挑拨是非。	有期徒刑二年六个月	是一技术人员,特从轻处理,给予教育。

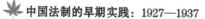

续表3

案件类型	案件事实	判决结果	判决理由
肖积金等贪污公款及收受赃物案*（1943年）	贪污公款8万余元及白洋布半匹，虚报途中遇匪被劫。	有期徒刑四年	贪污巨款，罪行严重，但考虑其从小参加革命，仅24岁，并且反省和悔悟态度十分诚恳深刻，依照边区惩治贪污条例，酌情处理。
李子厚贩卖鸦片案（1939年）	贩卖鸦片，祸害人民。	有期徒刑三年	鸦片没收，为扫除烟毒，保护人民利益，应判处该犯以严厉处罚。
朱凤容、常维高运送鸦片案*（1940年）	为不法利益为他人运送鸦片。	批评释放，鸦片没收本	应依法惩治，但因其称是友区委托送运之物，非在边区贩卖，且初来边区，不知边区禁令，情节尚有可原。

注：①＊案件为在宽大处理的刑事政策下审理的案件。[1]

②当时的刑罚体系中并没有无期徒刑的刑种，最高的有期徒刑为5年，再高一级即为死刑，造成刑罚轻重的失衡，直到1942年3月31日边区政府才下令（战字240号）将有期徒刑的最高刑期增加到10年。[2]

就其当时的审判而言，从发布的判决中可以做如此特征的归纳，即以刑事政策作为价值指导，群众路线作为技术指导。

第一，就镇压和宽大处理案件类型而言，宽大处理的案件几乎涉及当时最为严重的几类案件，例如汉奸、破坏边区、故意杀人、贪污渎职等，但是对于政权安全最为直接的反革命罪的宽大处罚在此却体现的并不充分，可见即使在宽大的刑事政策的背景下，对于某些特殊的政权组织格外敏感的案件也同样无法宽大处理。

① 汪世荣等编《新中国司法制度的基石》，商务印书馆2011年版，第164页。
② 蔡鸿源主编《民国法规集成》（卷90），黄山书社1999年版。

有学者对边区刑事政策的大致变迁做了一个阶段性的区分[1]：
① 1937—1941 年，刑事政策偏重于镇压，主要是严厉镇压汉奸的活动，彻底消灭扰乱社会治安的土匪。例如 1937 年《陕甘宁边区抗战时期惩治汉奸条例草案》对于破坏抗日、间谍特务、土匪、叛逃、谋刺领导、侵害人民生命、破坏金融、散布谣言、纵火抢劫等 18 种行为判处死刑；在《陕甘宁抗战时期惩治盗匪条例草案》中将抢劫、勒索、杀伤、强奸、放火等 12 种行为给予死刑处罚。严厉的刑事政策导向下所出现的死刑扩大化的迹象，使得当局不得不在边区政府与高等法院的联合训令中强调凡判决死刑之案件，必须呈报高等法院执行，不得擅自执行。当时可以统计的刑事案件中死刑执行案件所占的比例分别为 1938 年的 48.2%（27/56）、1939 年的 45.5%（15/33）、1940 年的 53.8%（56/104）[2]，死刑执行的比例总体维持在较高的水平。② 1937 年—1941 年 5 月，刑事政策侧重于宽大。由于抗战的需要，团结一切可以团结的力量而使得刑事政策所有缓和，当时的边区最高院长雷经天在《解放》周刊的《陕甘宁边区的司法制度》一文中指出，"边区司法对于为首的违法害民的汉奸、敌探、土匪等判处死刑，对于还有一点希望的犯罪者则尽力挽救，帮助其改正。"[3] 在《陕甘宁边区施政纲领》中规定："对于汉奸分子，除绝对坚决不愿改悔者

---

① 候欣一：《从司法为民到人民司法》，中国政法大学出版社 2007 年版，第180–182 页。

② 汪世荣等编《新中国司法制度的基石》，商务印书社 2011 年版，第 67–70 页。

③ 汪世荣等编《新中国司法制度的基石》，商务印书社 2011 年版，第 164 页。

外，不问其过去行为如何，一律实行宽大政策，争取感化转变，给予政治上与生活上之出路，不得加以杀害、侮辱、强迫自首或者强迫其写悔过书。"① 而毛泽东在其《论政策》中提到，"应该坚决地镇压那些坚决的汉奸分子和坚决的反共分子，非此不足以保卫抗日的革命势力。但是决不可多杀人，决不可牵涉到任何无辜的分子。对于反动派中的动摇分子和胁从分子，应有宽大的处理。"② ③ 1943—1949 年，镇压与宽大相结合的刑事政策。在1942 年中共中央所发布的《关于宽大政策的解释》中对于宽大与镇压结合的刑事政策作了详细且全面的介绍，指明对于有危害抗日民族利益而坚决不改者进行严厉的镇压，而对于虽有过危害行为，但是真心表示且确实有证据真心悔过的则必须给予宽大处理。在量刑上应区分首要分子以及胁从分子，施以不同的政策。前者首要为镇压，其次才是宽大， 对于胁从分子则主要为宽大处理。总之，"以表示真正改悔与否为决定政策的标准"③。但就从刑事政策转变过程而言，从偏重到偏轻再到两者的结合，在技术上可以认为是传统社会法律"世轻世重"的体现，根据法律所实施环境而给予不同强度的法律， 这其中也包括对特定犯罪行为或者犯罪人群体的打击。

第二，对于中共的政权组织形式而言，它最大的优点在于集

---

① 蔡鸿源主编《民国法规集成》（卷 87），黄山书社 1999 年出版。
② 毛泽东：《毛泽东选集》（第二卷），人民出版社 1991 年版，第 767 页。
③ 韩延龙、常兆儒编《中国新民主主义革命根据时期根据地法制史文献选编》（第三卷），中国社会科学出版社 1983 年版，第 54 页。

中性和高渗透性而可以向下动员最广泛的资源并最快速地集中起来形成力量。而要达到这样的效果就意味着新来的意识形态必须至少学会与当地乡土社会的习惯传统合作，取得他们的支持。官方发布的刑事政策大多为纲领性的文件，如何在具体的实践中贯彻这样的思想而不致扰乱原本的法律运行，又可以取得民众的支持，是一种融合的技术。

从上述关于镇压与宽大处理的案件中可以看到最后结果的巨大差别，但更为重要的是在危害行为的危害结果几乎相等的情况下，给予这样的判决结果都是合法有效的。如此便需要微观地注意到这些方面：首先，所谓"罪大恶极"而应当给予"极刑"，但是有各种原因而给予了宽大的处罚。这样的判决思路在技术上明显分为两步：第一步为依照正常的法律规定应当给予死刑的判决；第二步为由于有政策或者可宽大处理的情况而给予了酌情的减轻。所以从法律运行的层次而言，后者具有死刑减等的技术，即在权力的层次上关于宽大处理的政策高于法律规定标准，并且这样的权力规定又并非是具体的，而是一种原则性的指向性，赋予司法官在判决时裁量何种具体的情况为可宽大处理的情况。在当下死缓的定义中也同样遗留着这样的色彩，关于死缓适用更多是一种针对司法权的指导，即"应当判处死刑，但是又不是必须执行的情况"。这种在形式上将死刑的审判权与执行权分离、立法含义与司法含义分割的做法构成了死缓独特而又尴尬的地位。针对现代刑法的犯罪本体论而言，其功能就在于需要精确地将危害行为与刑罚结果有规律地联系起来，从而尽可能地实现一种法律的预测性，故在犯罪论本体部分关于修正的犯罪形态理论不断地丰富，可以一次性地使该种犯罪相关情节实现一种罪与非罪、此罪与彼罪的区别而给予相适应的刑罚处罚，无论该犯罪人具有法定加重或者减轻情节，都需要在事实与法律之间来回穿梭才可以最终完成评价，而何种事实可以进入刑法评价的视野则需要在"保障人权"和"保护社会"中不断游走。对根据地司法审判而言，他们对危害行为的从宽处理在本质上是依照法律处理和依照政策处理之间的平衡技术，仅仅从上述的部分案件中可以大致了解给予宽大处理的理由可以区分为两类：一类为具有传统乡土社会可矜性质的，如上有高堂老母需要赡养、不知边区禁令（所谓的不知者无罪）等；另一类则为意识形态指导下的标准，即犯罪人的悔改程度、偶然犯罪、参与革命较早而对革命有功、技术人员的特殊性（例如在战时的特别需要）等而将各种因素注入最后的结果当中。但需要同时注意的是，尽管在性质上有这样的区分，但在理论的形式上仍然需要统一于宏观的抗战需要以及政权的安全。在严加镇压犯罪的案件中，给予的判决理由几乎都是从社会以及政权安全，甚至是政权建设的需要（教育干部等），而没有从行为本身的善恶作过多的评价，故在某种程度上而言，个体危害行为的处罚具有一种一般预防的倾向，群体性的利益几乎是整个审判量刑的起点。

总之，无论是镇压或者是宽大处理，其背后的意义在于政策指导性意见的具体化，而这样的具体化在司法权运行过程中可以实现一种在阶级区分方式下的一般预防目的，更重要的是可以将传统乡土社会中的价值观念容纳其中而形成对于犯罪人个别化的处分，从而令政权的意识形态深深地与当地当时的风土民情融为一体。在这点上，国民政府的法律却因为过于专业化、精巧化、西方化而在移植之后始终无法深入广袤的农村，自然也就无法让三民主义的思想渗透到这些地方。

（四）根据地的刑罚选择与制度创新

根据地的法律条文看不到将死刑废除的迹象，并且在实践中发生了更多的死刑不恰当扩大化的问题。无期徒刑这种在理论上可以作为死刑减等或者替代刑的刑种却因物质条件的匮乏以及根据地特殊的外部环境几乎无法适用。有期徒刑因刑期的不确定性而完全委付于司法主体的任意操作。虽然有期徒刑的刑期并不十分漫长，但也是由于缺乏建立规范监狱的客观条件（例如管理人员、监狱开支、集中犯人的危险性、根据地流动性大等）所致。这些是中央苏区刑罚建设无法回避和忽略的客观条件。

就司法权的运作而言，在权力的运行上发生了一个显著的特点，即关于执行权与审判权的区分巧妙地将司法权的重心转移到执行权上面，从而开辟出一块可以实践权力博弈以及法律评价的新领域，并且这一切主要是依靠程序制度的设计完成的。与这样的法律运作相匹配的是马列主义新政权具有的一元化的综合性权力的配置方式，使得司法权并不具有独立且终极的评价意义，而在机构设立上也需要向同级的权力机关负责，并服从上级审判机关的指挥。在当时的法律实践中，死刑制度也开始有大胆的实验性探索，就地正法与死刑保留的出现虽然并没有大面积地推广适用，但是它诞生在实践运行中就足以证明这是一种现实需要并且有效的制度，这似乎更能说明法律制度的未来并不在于理论的精巧而恰恰在于不断践行的生命力。就地正法与清末名称相同，背后的理论逻辑在于一种大众司法意识的渗入，而赋予群众一种形式意义上的死刑执行权或者"故意杀人的豁免权"。死刑保留的诞生更是一种功利化的表现，它将死刑的执行与其他刑罚的执行统一于死刑的立法中，而在司法乃至执行中才有所区分。这种技术下，死刑的威慑力得到保留，同时又给予了司法权以巨大的裁量的空间。作为一个以是否有悔改为量刑评判标准的技术而言，针对犯罪人的不定表现而在执行过程中不断调整给予的刑罚结果是一种更加贴近意识形态指导下的关于政权生存以及建设的策略需要，再加上恶劣的外部环境，根据地法律所需要的恰恰是一种具有高度弹性的刑罚执行方式，而该政权高度渗透性的统治方式也令这样的变通可以与当地现有条件最大限度地结合。与国民政府针对死刑和其他普通刑案运用统一程序的做法不同，几乎所有的根据地关于死刑案件的审理以及执行都需要单独或者特殊的批准程序，而个别司法制度相对完善的根据地的死刑复核程序已初具雏形，并且具有明显行政权式的自上而下自我监督模式。

根据地的司法官们游走在革命式的法律与革命式的刑事政策之间，将各种来自乡土社会的传统价值与新意识形态下的价值观都作为可以给予宽大或者加重处理的资源，从而倚仗司法权的运作来实现一种个体危害行为与政权公共安全之间的利益平衡。但是需要注意的是，在新政权的意识形态和一元化的综合性权力模式的作用下，无论是立法、司法或者执行权本质上都在一个更为高级的权力指导下进行。对于法律的运作而言，立法、司法、执行之间仅仅具有分工的界限而不具有制衡的功能，故在本质上，死刑无论是减等刑或者是替代刑都难以精确描述这样的运作。在民国政府的法律运行中相对清晰的死刑减等与死刑替代的分野，在此时又开始变得模糊。但是这种模糊并不在于制度的一种倒退，相反它意味着一种在技术上不同于权力制衡而倾向于权力统一监督的模式的诞生，尽管法律在诞生的初期呈现出与传统社会下相类似的样子。

第六章　早期的法学家与司法工作

一、人民司法：中央苏区法学家的司法观

中华苏维埃共和国临时中央政府司法体系的建立离不开董必武、何叔衡、梁柏台等共产党法律人的重要贡献。董必武早年在日本攻读法律，在中央苏区最高法院院长任上通过颁布诸如《工农检察部的组织条例》等法规大力开展反腐肃贪运动，尤其注重审判程序，组织完成了《中华苏维埃共和国司法程序》，规定了苏维埃法庭、政治保卫局等司法机关的办案程序，创建了陪审、法庭调查和死刑复核等司法程序，为苏区审判工作提供了程序保障。何叔衡在主政工农检察人民委员部期间组织了由突击队、轻骑队、工农通信员及群众法庭四部分构成的群众性检察组织，配合中央工农检察人民委员部打击各种官僚主义和贪污浪费行为；在担任内务部长期间积极开展各种行政立法。梁柏台作为当时中共党内唯一系统学习过苏联法律的专家，在主持司法人民委员部后整合各革命根据地杂乱无章的司法体系，建立了人民审判员制度、巡回法庭制度等；司法程序上亦注重证据，强调依法审判。

同时反对肉刑，用现代刑罚观破除陈旧的封建刑罚。附设于审判机关内部的检察机关也是在他的主持下依照苏联检察制度而设立的。应当说，中央苏区司法工作的成绩是集体智慧的结晶，本章通过具体的制度建设和当时的思想言论，以及董必武和梁柏台等人司法思想的分析，来从正面和侧面分别探讨早期共产党人的法学家与司法工作。

（一）人民司法的历史渊源

1.法学家的到来

董必武出身于 1886 年，湖北红安人，曾参加过辛亥革命，是同盟会会员。辛亥革命后，董必武抱定建设民主、法治中国的愿望，于 1914 年 1 月东渡日本，考入日本东京"私立日本大学"攻读法律，三年间学习了日本明治维新以后仿照西洋法系建立的近代法律制度。1917 年 4 月，董必武在武汉与张国恩（又名张眉宣，是董必武的同乡好友）合办律师事务所，在社会上赢得了一定的声誉。同时，他继续从事革命活动，在与他密切往来的同志中，也有不少是攻读法律、从事律师职业的，如刘伯垂等人。武汉共产主义小组第一次会议就在武昌抚院街张国恩律师事务所召开，董必武与张国恩、陈潭秋、包惠僧、郑凯卿等人均到会参加。1921 年 7 月董必武出席中国共产党第一次全国代表大会，是武汉小组代表，随后建立和发展湖北党组织，任中共武汉区委委员、湖北民运部部长、湖北省委委员。1927 年 3 月，他在武汉领导制定了《惩治土豪劣绅暂行条例》和《审判土豪劣绅暂行条例》。可见，经由律师走上司法工作者的道路对以后董必武在中央苏区和革命根据地参与各项审判工作的建设具有十分重要的意义。
1928 年，董必武赴莫斯科中山大学、列宁学院学习深造。1931
年 11 月 7 日，中华苏维埃人民共和国在江西瑞金成立。1932 年
董必武由苏联几经辗转到达瑞金。1933 年 3 月 26 日，董必武在
人民委员会第 35 次常会上与刘少奇一起被任命为中央工农检察
委员会委员，[①] 从此主持和领导了大规模的苏区司法工作，其法
学知识背景和丰富的律师与革命斗争经验，为其在中央苏区司法
战场上的披荆斩棘奠定了扎实的理论和实践基础。1934 年 1 月
15 日至 18 日，中共六届五中全会任命董必武为中央党务委员会
书记。[②]1934 年 1 月 22 日至 2 月 1 日，董必武在中华苏维埃共和
国第二次全苏大会上当选为第二届中央执行委员会委员，并再次
当选中央工农检察委员会委员，且被任命为临时最高法庭主席，
随后又被委任为最高法院院长。[③] 这充分说明了董必武的工作才
干得到了中共中央的高度认可，直到 1934 年 10 月长征开始，以
董必武为代表的早期革命法学家一直努力绘制中央苏区的司法蓝
图。

　　中央苏维埃政府的成立意味着国民党旧法统在中央苏区的失
效，也昭示着中央苏区将确立一套新的司法工作机制。董必武的
到来（或者是应邀前来）正说明了当时中央苏区急需像他一样的
法律专家主持变法修律。董必武在到达瑞金后，时任中央政府主

---

①　《红色中华》第 57 期，1933 年 3 月 3 日。

②　《董必武年谱》编撰组：《董必武年谱》，中央文献出版社 2007 年版，第 105 页。

③　《红色中华》第 148 期，1934 年 2 月 12 日。

席的毛泽东异常高兴，对董必武说："你学过法律，苏维埃法制还很不健全，特别是目前开展的反贪污浪费运动还缺乏法律保障，这给一些投机分子留下漏洞，你同叔衡同志一起来把这些漏洞给堵住、堵死。"[1] 这一饱含深情和希望的寄托，表达了中央苏区的领导人希望充分利用董必武的法学专业素养加强中央苏区法制工作的目的。因此，董必武等人开始广泛地参与中央苏区的立法工作，尤其是以反贪为主题的司法检察审判工作，其中包括制定和颁布了诸如《中华苏维埃共和国程序》等20余部司法方面的基本法律法规。[2]

2. 早期共产党人的法制贡献

正是董必武同何叔衡、梁柏台等人的协同合作才共同开创了中央苏区司法工作的新局面。一到中央苏区，董必武等人就提出了注重办案手续的程序法制要求并身体力行之。在此程序主义推行的过程中，董必武"因主张办案要有一定的手续，要有必要的文字材料，要建立档案，被执行'左'倾机会主义路线的人指责为'文牍主义者'"。[3] 由于中共一贯强调集体主义的工作方针，所以以董必武为代表的早期共产党法律人缪力同心，为中央苏区的司法工作呕心沥血。通过董必武等人的齐心协力，中央苏区创

---

① 转引自刘良：《何叔衡董必武在瑞金肃贪》，载《湘潮》2008年第3期。

② 厦门大学法律系、福建省档案馆选编《中华苏维埃共和国法律文件选编》，江西人民出版社1984年版，第379–420页。

③ 《董必武年谱》编撰组：《董必武年谱》，中央文献出版社2007年版，第105–106页。

建了较为完整的司法机构。在司法审判方面，成立了区、县、省
裁判部，最高法庭和最高法院。在检察公诉方面，审判机关内部
设立了检察员，负责案件的检察公诉。在各专门法庭方面，针对
当时革命形势的需要，设立了惩治反革命分子的肃反委员会、政
治保卫局。为了保护劳动者的权益、处理劳资纠纷，设立了专门
的劳动法庭。在军事方面，设立了军事裁判所。在司法行政方面，
设立了司法人民委员部。在对罪犯进行改造方面，建立了具有鲜
明特色的劳动感化院。为了贯彻群众路线，方便人民群众，设立
了巡回法庭。以此机构为载体，形成了一整套中央苏区的司法审
判制度，其中包括四级两审终审制、审检合一制、公开审判制、
人民陪审制、辩护制、合议制、死刑复核与核准制、回避制、抗
诉制和再审制、人民调解委员会制、逮捕和拘留的程序规范等一
系列重要的司法程序制度。以董必武为代表的早期共产党人"为
建立健全苏维埃审判制度做出了重要贡献。"①

　　为了巩固新生的红色政权，中央苏区掀起了大规模的反贪污、
反浪费和反官僚主义的斗争。建立以反贪污浪费运动为主体的司
法工作机制是早期共产党人在中央苏区司法工作的主线。为此，
董必武与何叔衡等人一道，进行了大规模反腐肃贪的司法活动。
董必武等人在中国共产党的领导下，从抵制腐败的法制建设要求
出发，领导和参与一系列立法、监察、司法、教育活动，并将其
智慧、学识和才能充分运用到建设苏维埃法制的实践中去。1934

---

　　①　余伯流、凌步机：《中央苏区史》，江西人民出版社 2001 年版，第 902 页。

年2月在一次工农检察委员会议上，毛泽东说："查办官僚主义和贪污浪费是中央政府决定的，如果不把官僚作风、贪污浪费，甚至欺压群众的坏作风清除掉，我们的根据地就保不住，我们党的事业就有夭折的危险。何叔衡同志开了一个好头，董必武同志也很坚决。反贪污浪费，你们两人都过硬。"[①]董必武等人在中央苏区参与苏维埃肃贪的积极作为，主要可以分为两个阶段：第一阶段是1932年9月初到1933年3月之前。当时董必武抵达瑞金不久，在毛泽东的建议下与何叔衡合力研讨抵制腐败现象策略，二人决定从健全法律和组织两方面解决问题。但由于当时组织上并没有安排董必武进入中央政府工作，因此，他更多的是向毛泽东、何叔衡献计献策。第二阶段是自1933年3月26日董必武被委任为中央工农检察人民委员部委员起，到1934年10月后随红军长征离开苏区时为止。在这段时间，董必武作为党和红色政权法制建设工作的主要领导人之一，得以更加直接地为苏维埃司法工作给出指导意见并着力开展工作。

董必武、何叔衡等人首先积极组织制定了一系列具有法律性质的反腐组织工作规范文件。而在董必武全面接手领导苏维埃司法体系完善工作后，又为抵制腐败的司法活动补充了更多具有权威性和程序价值的法律依据，其中包括《工农检察部的组织条例》《工农检察部控告局的组织纲要》《突击队的组织和工作》《轻骑队的组织与工作大纲》《工农通讯员任务》《政

---

① 转引自刘良：《何叔衡董必武在瑞金肃贪》，载《湘潮》2008年第3期。

府人员惩办条例》《统一会计制度》和《怎样检举贪污浪费》等，①
为组织和规范苏区的反腐败浪费提供了执行依据和工作纲要。而
经董必武等人参与制定，1933年由毛泽东签发的《关于惩治贪污
浪费行为——中央执行委员会第26号训令》更加明确地规定了
惩戒贪污浪费违法行为的量刑标准：凡苏维埃机关、国营企业及
公共团体工作人员贪污公款在500元以上者，处以死刑；贪污公
款300元以上500元以下者，处以2年以上5年以下监禁；贪污
公款100元以上300元以下者，处以半年以上2年以下监禁；贪
污公款在100元以下者，处以半年以下的强迫劳动。同时，对上
述犯罪者还得没收其本人家产之全部或一部，并追回其贪没之公
款；对挪用公款为私人营利者以贪污论罪；对玩忽职守而浪费公
款，致使国家受到损失者，依其浪费程度处以警告、撤销职务以
至1个月以上3年以下监禁。②

董必武等早期共产党人在中央苏区审理了不少贪污腐败的案
件，其中的两件在中央苏区产生了巨大影响。一是左祥云贪污案。
总务厅工作人员左祥云、徐毅等因勾结反动分子、贪污浪费等犯
罪行为，经开群众大会公审一次，1934年2月13日由最高法院
在全苏大会场举行审判，到庭旁听者达数百人，审判达四五小时
之久。经法庭判决，左祥云被处以枪决，徐毅被处以六年监禁。③

① 刘良：《何叔衡董必武在瑞金肃贪》，载《湘潮》2008年第3期。
② 厦门大学法律系、福建省档案馆选编《中华苏维埃共和国法律文件选编》，江西人民出版社1984年版，第224页。
③ 《红色中华》第151期，1934年2月18日。

二是熊仙壁贪污渎职案。于都县苏维埃政府主席熊仙壁利用职务之便，贪污公款。1934年3月25日，最高法院组织特别法庭，以最高法院院长董必武为主审，何叔衡、罗梓民为陪审，梁柏台为检察长进行了公开审判，判处熊仙壁监禁1年，剥夺公民权利1年。①

对左祥云、熊仙壁等犯罪分子的公正审判，给中央苏区广大干部和群众上了一堂生动而深刻的法制课，他们认识到法律面前人人平等：倘若有人以身试法，无论是什么身份什么背景，都将被追究法律责任。董必武等人严格按照法定审判程序审理各类案件，堪称早期共产党人中法律信仰严谨、审判技术娴熟的专家。对重大、敏感案件，早期共产党法律专家一般都亲力亲为，一来不断丰富自身的司法经验，二来为提升整个苏维埃共和国的审判工作水平提供标尺。在董必武的领导和率先垂范下，苏维埃最高法院审理了一大批案件。据不完全统计，自1934年2月至10月红军长征止，苏维埃最高法院前后约审理和复核了有关刑事、民事、军事的案件约1000余件。②

通过对典型案件依法依程序的审判，早期中共司法先行者不仅惩治了罪犯，宣传教育了群众，树立了党和政府在人民群众中的威信，体现了司法的公平正义和威信。同时，还通过对司法审判经验的总结，为审判制度的确立和相关司法法律的制

---

① 《红色中华》第168期，1934年3月29日。

② 张忠厚：《追忆、继承与弘扬：浅论董必武在中央苏区的法治贡献》，载孙琬钟、杨瑞广主编《董必武法学思想研究文集》（第十一辑·上册），第394页。

定奠定了基础。在董必武兼任中华苏维埃共和国中央工农检察委员会副主席和苏维埃最高法院院长期间，为保障和指导苏区司法活动运行，早期共产党人积极参与制定的《处理反革命案件和建立司法机关的暂行程序》《中华苏维埃共和国司法程序》《革命法庭条例》《革命法庭的工作大纲》《裁判部的暂行组织及裁判条例》《中华苏维埃共和国惩治反革命条例》等被先后依法颁行，使针对贪污浪费嫌疑人的查办工作由侦查、扣押、审判、量刑到执行形成了连续的制度系统，体现了苏维埃司法的公平、公开和公正性。[1]

总体而言，以董必武为代表的早期共产党人在中央苏区的司法实践是新中国司法文明建设的源头，具体表现在：①规范司法程序的各项法律成为新中国司法文明建设的源泉。正如董必武1956年9月在中共八大会议上的发言："在过去国内革命战争的各个时期，各个革命根据地在党的统一领导下，制定了许多代表人民意志和符合革命利益的政策法令。尽管它们在形式上较为简单，而且不可避免地带有地方性，但是它们有力地保障和促进了革命事业的发展。不仅如此，它们并且是我们现在人民民主法制的萌芽。"[2]董必武在最高法院院长任上通过颁布诸如《工农检察部的组织条例》等法规大力开展反腐肃贪运动，尤其注重审判

---

① 柴荣、王昕：《抵制腐败与建设法制——董必武在中央苏区的法治实践及法治思想观》，载孙琬钟、张忠厚主编《董必武法学思想研究文集（第九辑）》，第619–621页。

② 董必武：《董必武政治法律文集》，法律出版社1986年版，第378页。

程序，组织完成了《中华苏维埃共和国司法程序》，规定了苏维埃法庭、政治保卫局等司法机关的办案程序，创建了陪审、法庭调查和死刑复核等司法程序，为苏区审判工作提供了程序保障。②司法机构的体系化建设为新中国司法文明提供了丰富的载体。新中国司法机构在中央苏区就已初步形成雏形，是对中央苏区司法机构的继承和发展。如新中国四级法院制早在中央苏区就已经确立；马锡五审判方式以及新中国的巡回法庭是中央苏区巡回法庭的继承和发展；新中国司法强调惩罚与教育相结合，实施劳动改造，也是对中央苏区劳动感化院经验的总结和发展。当然，中央苏区司法机构设置的非科学性也会影响到新中国司法机构的建设。比如检察机构的薄弱，使得新中国检察院体系的建设不同程度地受到影响。中央苏区并没有设立独立的检察部门，只是在裁判部内设立检察员，行使着检察、公诉的职能。新中国成立后，为打破这一不合理的设置，开始建立独立的检察院。但由于没有基础和框架，受其影响，新中国的检察院建设从人员、编制到机构都一直受挫。③司法审判制度的创立确立了新中国司法审判的模板。中央苏区所推行的审判制度不仅吸收了当时西方重要的审判制度文明成果，包括两审终审制、公开审判制、辩护制、合议制、死刑复核与核准制、回避制、抗诉制和再审制、逮捕和拘留的程序规范等，也蕴含了中国特色的审判传统，如人民陪审制、人民调解委员会制等，充分体现了早期共产党法律人学贯中西的法学素养。人民司法观也可以在早期共产党法学家领导的中央苏区司法实践中找到渊源。

3. 人民司法观的思想渊源

董必武青年时代曾加入孙中山领导的同盟会，是受到资产阶级民主思想启蒙教育的三民主义者。但五四运动以后，他感受到人民群众中孕育着的革命力量："从我自己的经验出发，我断定单在军队中做秘密工作是无用的，必须为人民运动打下基础。……我断定革命必须有一个真正的群众基础。"① 于是开始转变为接近民众、组织民众、依靠民众的共产主义者。而在土地革命期间，特别是中央苏区第五次"反围剿"期间，那些反革命分子及各级政府工作人员中的贪污腐化问题，被革命群众揭发，继而被苏维埃法庭和政府及时侦办的经历，又一次使他感受到法律工作人员深入群众与发动群众的程度将影响到法治工作的效率和质量。由此，以董必武为代表的早期共产党人总结提炼出了提倡群众观点的人民司法观。这在中央苏区司法人民委员部1933年颁布的《对裁判机关工作的指示》中就表现为：裁判机关在审判任何案件时，都要注意多数群众对该案的意见；各法庭在开庭审判前，须广泛地张贴告示，公布审判某案的日期，以吸引和组织广大群众届时旁听；必要时还要组织巡回法庭，到众多的群众面前揭破反革命的阴谋活动及对革命的危害，扩大审判工作影响。②

---

① 《董必武传》撰写组编《董必武传（1886—1975）》（上），中央文献出版社2006年版，第71-72页。

② 曾维才主编《中央苏区审判工作研究》，江西干校出版社1999年版，第159-160页。

在 1950 年 7 月召开的第一届全国司法会议上，董必武根据早年共产党法律的实践明确地提出了"人民司法"的概念，认为"人民司法基本观点之一是群众观点，与群众联系，为人民服务，保障社会秩序，维护人民的正当权益"。①人民司法观的具体内容包括司法具有阶级性，人民司法就是巩固人民民主专政；司法工作要依靠人民群众的支持，接受人民群众的监督；司法机关要依法办事，既要遵守司法程序，又要便民，切实保护人民的民主权利以及进行法制宣传教育，注重培养人民群众的守法思想等。从这些内容反观中央苏区的司法工作经验，可以窥见董必武人民司法观形成的大致过程。

阶级性和群众路线是中央苏区司法工作的典型特点，司法工作主要是依靠人民群众的支持，接受人民群众的监督，这在苏区大张旗鼓地进行反贪污、反浪费、反官僚主义的运动中表现得最为明显，大量案件从发现到调查再到审判，都与广大人民群众的参与和支持分不开。此外，中央苏区的司法主要也遵循便民原则，比较好地维护了人民的合法权益。中央苏区依法办事，遵守司法程序正反两方面的经验教训，促使共产党人在新中国成立后将依程序司法提到议事日程，以切实保障人民的权益。正如董必武所说："由于过去处在紧张的战争和大规模的社会改革运动中，由于法律还很不完备，司法制度特别是检察制度还不健全，有些公安、司法机关还有粗枝大叶、组织不纯甚至使用肉刑的现象，以

---

① 董必武：《董必武政治法律文集》，法律出版社 1986 年版，第 100–117 页。

致有一些人错捕、错押或错判，人民的民主权利受到侵犯。为克服这种现象，今后必须从立法方面，从健全人民司法、公安和检察制度方面，对人民的民主权利给予充分保护。"①因此，人民司法观是在解决革命和政权建设中遇到具体问题时形成和发展起来的，具有很强的针对性。②早期共产党人在中央苏区司法的开拓性实践与新中国成立后的人民司法观在体系构建上是一脉相承的，并随着社会和形势的发展而发展。

新中国成立后极力倡导的"依法办事"的思想根源也应追溯到早期中央苏区的司法实践，是中央苏区司法实践经验教训的升华。中央苏区在"左"倾错误的影响下，曾出现过群众运动扩大化，以政策代替法律，党政不分、以党代政，特权，少数党员和领导干部不重法、不守法，侵害人民权益，不按规定和手续办事，滥捕滥杀，刑讯逼供等违法现象，对革命的胜利和政权建设产生了不小的危害。作为中央苏区司法实践的亲历者和具有法律专业素养的早期共产党人，无疑有切身的体会，从而形成自己的法律观。新中国成立后，以董必武代表的共产党法律人在中共八大会议上针对当时存在的法制不健全、少数党员和国家工作人员不重法不守法、一些地方党政不分、侵犯人民群众权益、少数人的特权思想、不履行法律手续、法学研究滞后、法律工作者专业性不强等问题，正式提出了"依法办事，是我们进一步加强人民民主

---

① 董必武：《董必武政治法律文集》，法律出版社1986年版，第310页。
② 曾绍东：《开拓与奠基——论董必武在中央苏区的司法实践》，载《毛泽东思想研究》2010年第3期。

法制的中心环节"以及"有法可依""有法必依"[1]的著名论断。这些都是中央苏区经验在新中国司法文明建设过程中占有重要地位的具体体现。中央苏区曾一度受到"左"倾路线影响，相当程度上存在审判简单化和偏激化的错误倾向，导致调查不彻底、定性不准确、量刑不统一，深深影响了根据地审判质量；而董必武、何叔衡、梁柏台等一批人民司法先驱，在创建苏维埃民主法制局面的过程中，却通过审判监督、死刑复核和严格依照程序审判的工作方法，实现了维护审判公平，完善法制运行的效益目标。新中国建立后，对程序法制的重视和依法办事的强调很难说与其早年间在中央苏区的司法实践没有关联。

（二）早期共产党人的司法合作

梁柏台（1899—1935 年），浙江新昌县人，中央苏区时期卓越的红色法学家、司法专家。早期曾远赴苏联，任远东华工指导员，后进入伯力省法院当审判员，从事革命法律研究和司法工作，同时任远东教务部编译局编译。1931 年回国到中央苏区工作，作为中华苏维埃共和国第二届中央执行委员会委员，历任司法委员会委员，司法部副部长、部长，临时最高法庭委员，临时检察长，内务部副部长、代部长，中央审计委员会委员等职务，主持或参加了大量的司法实践工作。通过其司法思想与实践切入，深入探讨早期共产党人人民司法观的形成背景和以董必武为代表的早期红色法学家的群体思想环境，对推进研究早期共产党人合作建设

---

① 董必武：《董必武政治法律文集》，法律出版社 1986 年版，第 475 页。

的人民司法制度，无疑是一个很好的进路。

1. 保护革命与政法工作

如何处理政治与法律的关系，如何处理党与司法的关系，是中共早期"法学家"思考的核心问题之一。董必武和梁柏台都有如此的困惑。作为党的早期领导人，同时作为一个革命家、法律家，梁柏台的司法思想体现出鲜明的"革命导向"，"在猛烈发展革命战争的时候，一切工作都应当以发展革命战争为中心任务，一切都应服从于战争。司法机关也应当如此，各级司法机关就在这一个任务下进行工作。"可见，梁柏台的司法思想与党的"政法"思想保持了高度的统一，以适应革命战争需要为司法机关服务的中心任务。在苏维埃政府时期，这一中心任务就是要保障苏维埃政权及其各种法令的实施，镇压反革命派别及反对苏维埃法令的反革命行动。或者说，就是担负着肃清国内反动势力，巩固苏维埃政权的任务。中央苏区的主要司法机关——裁判部，以后在判决反革命案件时，应当以保护工农权利、巩固苏维埃政权、适应革命环境来保障革命胜利为前提。在各种司法的命令和指示上，也同样要以发展革命战争的任务来指示各级司法机关。在司法人民委员部的指示下，各级裁判部所判决的犯人，判决监禁在 2 年以下及处罚强迫劳动的，都编成苦工队，陆续送往前方担任运输工作，以辅助革命战争任务。在每次苦工队出发时，各级裁判部要向他们做相当的宣传鼓动工作。司法机关的工作应极力节省事务经费以充裕战费，从前常有延长几个月不审判而养着犯人吃饭，浪费公款的事情，梁柏台要求每个案子自进到裁判部起算，最多不超过半个月必须判决。这一个规定虽然不能全部贯彻，但是也有相当的实现，大大节省了司法机关的经费。同时，在江西、福建两省及瑞金直属县裁判部附设劳动感化院，经过一段时间的筹划，几百个犯人实行强迫劳动，在经济上不但能够自给，而且还有多余，成为国家收入之一项。

在革命肃反等特殊时期，梁柏台更重视司法机关"革命导向"的作用，强调了司法为革命服务的中心任务。闽赣两省及瑞金直属县裁判部联席会议的决议，规定各级裁判部处理案件最主要的就是对付反革命，在他们的日常工作上也以处理反革命案件为主要任务，一般民刑事诉讼为次要。在司法程序上，反对机械地执行法律条文，一般的程序要为肃反的特殊革命需要让路：苏维埃法庭是阶级斗争的工具，是压迫敌对阶级的武器。法律是随着革命的需要而发展，有利于革命的就是法律。凡是有利于革命的可以随时变通法律的手续，不应因法律的手续而妨碍革命的利益……许多裁判机关，侧重于法律手续，机械地去应用法律，对镇压反革命的重要工作却放松了，这是裁判机关在工作上的极大缺点，而且是严重错误的……清理档案，凡有反革命事实的豪绅地主富农等阶级异己分子，经公审后立即执行枪决。[1] 同时，他又积极主动地执行党的肃反路线，对于一段时期偏重肉刑、刑讯逼供的审讯方法，在中央执行委员会提出批评后，他坚决地执行中央执行委员会训令的指示，处置案件，注意阶级成分、首要与

---

① 梁柏台：《裁判机关的主要工作方向——镇压反革命》，《红色中华》第156期，1934年3月1日。

附和，绝对废止肉刑，不专信犯人的口供，注意预审机关所搜集的证据和材料。同时，同下级政府和地方武装有违反训令的做法作坚决的斗争，给那些破坏正确肃反路线的分子以打击。对于人民群众有教育意义的案件，经常组织巡回法庭到群众聚集的地方去审判。梁柏台的这些司法思想与具体工作方法，在肃反工作中收到不少的效果。

2. 重视程序法制建设

尽管面对"肃反"等特定问题，梁柏台反对机械的法条主义，强调法律以革命需要为转移，但他同样重视法律制度、法律程序的作用。在中央苏区，司法机关对于革命工作来说还是个新鲜事物，裁判部等司法机关之前在苏区是没有的，是中央政府成立后的产物。在司法工作中，每种工作都是新的创造和新的建设，所以特别困难。开始成立司法机关时，就必须注意司法程序的建立。首先请求中央执行委员会颁发了裁判部的暂行组织和裁判条例，依据该条例来建立各级裁判部的工作，来组织法庭，按照条例所规定的程序来审判案件。在司法实践中，推进司法形式的统一化，司法人民委员部颁发了各种表册样式，如案卷、审判记录、判决书、传票、拘票、搜查票、预审记录、工作报告表、搜查记录、苦工队登记表等数十种，以备各级裁判部使用，并且使各级裁判部的公文形式统一。1932年，梁柏台在《司法人民委员部一年来工作》的总结中，特别提出了各级司法裁判部遵循中央法律制度、程序中存在的问题，上级的命令和指示，下级司法裁判部不能按时地正确地去完全执行，部分裁判部不按时向上级做工作报告，裁判部缺乏经常的工作。中央执行委员会有关改变肃反路线的第六号训令，有时还不能完全地执行，审判的程序还未能按照裁判部暂行组织和裁判条例的规定去进行。

尽管肃反的任务艰巨复杂，梁柏台还是注意了法律程序，他负责司法部，不是随便抓人、打击人，而是以法律为准绳，坚持按法定程序办案，重视调查证据，努力做到量刑准确，避免主观失误。梁柏台还注意区分了司法中"罪与非罪"的差异。周月林回忆说，有次项英和何叔衡来找梁柏台商量一件事，为中央机关有个干部，有很多人到最高法庭何叔衡那里告他，说他官僚主义特别厉害，项英和何叔衡跟梁柏台说，要想办法处罚他。梁柏台说，他还是革命同志嘛，官僚主义我们要反对，但是不要处罚他，还是要用教育的办法好。用什么样的办法教育呢？梁柏台提出用"公审"的方式，实际上就是开大会的方式，通过会上的批评与自我批评，既教育了他本人，又教育了大家。[①] 这些虽然是个例，但也反映出他在一定程度上注意了"罪刑法定""正当程序"等基本的法制原则，尽力本着人性、宽容、谦抑的态度执法用法，而不是借法律肆意迫害他人。尽管他的法治思想、程序意识与现代法治的要求存在差距，但在战火纷飞、形势严峻的革命战争年代，能有这样的法制思想，并能做到这些，已经殊为不易。

3.特殊法庭与司法语言

梁柏台出身于浙江新昌一户普通的农民家庭，家境并不充

---

① 中共浙江省党史资料征集委员会：《浙江党史资料通讯》第9期，1984年9月30日。

裕，但他自幼聪颖好学。年少就学时亲身经历了袁世凯复辟、日本帝国主义侵略等世事变幻、民族悲剧。面对严酷的社会现实，他睹物思情，每每由眼前小事论及国家大事；他心怀忧愤，深以国家和人民的疾苦为念。作为红色的革命家梁柏台始终抱持着一心为民的情怀，这种为民的思想也深刻地融入了他的法制与司法思想中。在法制建设中，他特别注意保护工农大众的权益，1933年梁柏台主持的司法部发出第九号命令，决定在城市、区一级裁判部组织劳动法庭，专门解决资本家、工头、老板破坏劳动法及集体合同和劳动合同等案件，以保障工人享受劳动法所规定的一切利益。

出于服务革命、服务大众的思想，梁柏台强调了司法语言的通俗化、司法手续的简便化，以使民众易于接近和理解司法。早在1919年的一封信中，他就提出了语言文字的通俗化问题，比较了文言与白话孰优孰便后，提倡尽量使用白话文。他说言语是思想的表示，文字是言语的记号。思想怎样发表？文字就这样写来。思想是活的，不是死的，强硬用古文写作，就会窒碍我们的思想。"想出一种思想意思，还要合这句说话同古文对不对的，这句话做的工不工的，并且要用几句典故，弄得脑子糊里糊涂，又费了好多冤枉的功夫，这是何苦呢？所以我简直说一句话，古文是死的，白话是活的，可知道白话要比文言好了，白话要比文言便了。"尽管在这里，他主要是从阻滞思想自由的角度谈白话文的问题，但从这样的思想倾向不难看出，在司法语言的使用上，他同样是赞同白话文，赞同以通俗易懂的语言，使得普通民众都能理解法律。

4. 法制宣传与群众教育

立法易，实行难，如何有效地在社会中推行法制，保障法律在民众中快速普及并得到彻底执行的问题，历来受到关注。两千多年前，商鞅就遭遇秦孝公之问，"法令以当时立之者，明旦欲使天下之吏民皆明知而用之，如一而无私，奈何？"[①] 商鞅的回答是，"各主法令之民，敢忘行法令之所谓之名，各以其所忘之法令名罪之。主法令之吏有迁徙物故，辄使学读法令所谓，为之程序，使日数而法令之所谓；不中程，为法令以罪之。"也就是说，以严刑强制官吏百姓学法、用法，亦即在法制的有效实施中，宣传教育无疑具有十分重要的作用。梁柏台十分重视法律教育与法制宣传工作。在总结1932年的司法人民委员部的司法工作时，他指出了苏区法制教育宣传的不足：不但一般的工农群众对于苏维埃政府所颁布的各种条例和法令还不很明了，就是苏维埃政府下级干部也有不明了的，因此不知不觉中有违反苏维埃法令的事情。以后对苏维埃的法令，应向工农群众做普遍的宣传解释工作，使一般群众提高法律的常识，以减少人民的犯罪行为。[②]

梁柏台提出并推行的劳动感化院，实际上也包含着使人们知法、守法的目的。按照他的想法，劳动感化院的目的就是看守、教育和感化违反苏维埃法令的一切犯人，使这些人在监禁期满之后不再违反苏维埃的法令，通过设置工场，让犯人在劳动中得到

---

① 《商君书·定分》。

② 梁柏台：《司法人民委员部一年来工作》，载《红色中华》第39期，1932年11月7日。

改造。感化院还有教育和娱乐的地方，备有各种报纸和书籍供犯人阅览，还有列宁室和图书馆等场所，使犯人在一定的工作时间外可以享受教育和娱乐。这种对犯罪人进行人道主义的法制教育与感化的方式虽然不免存在局限性，但仍有其积极的意义。

在当时的社会环境下，以人民政权建设为主旨的司法观体现了诸多的灵活实用性，实用主义的司法指导思想在不少地方存在不协调统一，甚至相互矛盾之处，如梁柏台一方面强调肃反时的革命导向，"不需要多少法律知识，只要有坚定的阶级立场，他就可以给犯罪者应得的处罚"，并且严厉地批评了机械的法条主义；另一方面，他又重视制度的建设，重视程序在司法中的作用，强调司法形式的统一化。当然，更重要的是他的一些司法思想与现代尊重正当程序的法治精神有着很大的差距。对这样的问题，乃至是背离"法治"的偏向，我们需要客观地、历史地认识，并加以"同情的理解"。梁柏台虽然在苏区从事司法工作，但他更主要的是一个革命家，他的思想实际上是中共总体革命思想在司法中的反映。如果我们将眼光从那些时代局限性的司法观念中移开，抽离出其更为本质的、积极的一面，也不难发现其有价值的内容。这是当时共产党法律人不可绕开的缺陷。

梁柏台始终强调司法为民的主旨。中共领导下的中国革命始终围绕着人民的解放与人民的幸福这一主题，特别体现出对底层人民群众，即"平民"的关注。中央苏区建设工农苏维埃同样是围绕"为民"这个主题，苏维埃就是真正的平民共和国，真正的平民政权。按瞿秋白的理解，平民是指与"上等社会"对应的处在被统治地位的"下等社会",亦称"下等阶级",包含了除封建地主、官僚买办、反动军阀以外的各社会阶级。正如列宁所言:苏维埃政权比最民主的资产阶级共和国要民主百万倍,解散了资产阶级议会,建立了使工农更容易参加的代表机关,用工农苏维埃代替了官吏,或者有工农苏维埃监督官吏,由工农苏维埃选举法官。它是无产阶级的民主,是对穷人的民主。梁柏台的为民服务的法制思想,正是马列主义的深刻反映。无论是司法裁判中保护劳动者的利益,或者是司法语言通俗化的风格,都体现出其司法为民、革命为民的一贯思想。梁柏台亦十分重视专业人才在司法中的作用。专业化的司法人员是司法工作有效开展的关键,他总结司法人民委员部的工作,痛陈合格干部缺乏问题:裁判部有一部分工作人员缺乏工作经验,缺乏法律常识,因此在工作上常发生许多困难。故造就司法工作人员,实在是一件迫切应该做的事情。司法人民委员部应当尽量造就司法工作人员,以充足各级裁判部的干部,更好地完成司法工作。

总体而言,通过对梁柏台司法工作思想的分析,我们大致可以总结中央苏区共产党法律人的早期司法观,坚持司法的政治性和人民性始终是司法观的主线:一则体现为党法关系的政法工作思路,二则体现为一心为民的大众化司法理路,这在共产党法律人的人民司法观体系中一以贯之,并且成为新中国司法文明的重要基石。既然是司法,当然会强调司法的程序正义和依法办事的法律权威论,受过良好高等教育的董必武和梁柏台等早期共产党人,当然会坚持这一基本的法制前提,否则司法工作基本的前提和载体都不具备,谈何司法。因此,司法的政治性和人民性是自中央苏区以来中共政权司法工作的基石,而法律权威和程序正义则是司法工作的主要载体与基本目标。这一条主线在陕甘宁边区的延安也得到了很好的体现。

二、司法系统：中央苏区政法机构的打造

自1921年中国共产党成立到1927年，惩治土豪劣绅成为当时中共法院工作的主要任务。1927—1937年工农民主革命政权时期法院逐步建立，肃反委员会和国家保卫局等特殊机关成为共产党在革命军事化时期的灵活法院建制。而到1937年之后新中国建立之前，革命根据地时期的法院建设与工作则逐步成形，镇压汉奸消灭土匪成为法院工作的中心。中共法院始终坚持为党的中心工作服务的大局，形成了新中国司法的特有红色传统。

（一）棒打土豪：法院革命传统的渊源，1921—1927

1922年6月15日发布的《中国共产党第一次对于时局的主张》和1923年6月中共第三次全国代表大会通过的《中国共产党党纲草案》都规定"改良司法制度，废止肉刑及死刑"。同时后者还规定了免除诉讼手续费。这应该是中共最早正式表达对司法制度的态度。这一态度也直接影响到后来省港大罢工时期的司法机关设置及相关法规的制定。1926年3月9日公布了《纠察队纪律》，[①]11日公布《会审处组织法》，16日发布了《纠察队军法处组织法》。同时省港罢工委员会于1925年7月下旬致函广东国民政府，要求

---

① 另一说认为该《纠察队纪律》于1925年11月制定，该纪律第5条曾一度规定省港罢工工人代表大会具有死刑核准权。参见张希坡：《人民代表大会制度创建史》，中共党史出版社2009年版，第18页。

"敢请国民政府立即明令派员与敝会会审员共同组织特别法庭，审断此等卖国人犯。"为此，广东国民政府第十一次委员会决议组织特别刑事法庭，起草特别刑事法庭条例和特别刑事条例。

第一次国内革命战争时期，中国共产党领导的农民运动在广大农村蓬勃兴起。在许多地方相继成立了惩治土豪劣绅和其他反革命分子的专门机构。如1926年12月1日召开的湖南省第一次农民代表大会通过的《司法问题决议案》指出："农民协会有权代表会员诉讼，严禁法官收受贿赂，严禁讼棍挑拨是非，严禁差役违法苛索。"根据这一决议，实行国共合作的国民党湖南省党部组成了有谢觉哉参加的起草委员会，制定了《湖南省惩治土豪劣绅暂行条例》和《湖南省审判土豪劣绅特别法庭组织条例》。而在湖北，1927年3月国民党湖北省党部在董必武的领导下，制定了《湖北省惩治土豪劣绅暂行条例》和《湖北省审判土豪劣绅委员会暂行条例》。同时国民党二届三中全会在武汉召开，中国共产党和国民党左派在这次会议上占据优势。在1927年3月15日的审议会上，毛泽东发言强调："土豪劣绅必须以革命手段处理之，必须有适应革命环境之法庭。"经过国民党中央全会讨论后，于当天正式批准了湖北省的这两个条例，并作为附件收录在《中国国民党第二届中央执行委员会第三次全体会议宣言训令及决议案》中印发全国。①这两个条例成为指导当时法院审判工作的核心规范。

---

① 综合参照了张希坡、韩延龙：《中国革命法制史》（上），中国社会科学出版社1987年版，第379–383页；张希坡：《人民代表大会制度创建史》，中央党史出版社2009年版，第66–67页。

（二）保卫红色：苏区法院的军事化运作，1927—1937

工农民主政权时期的红色区域司法机关，伴随着工农民主政权的创建经历了三个阶段。从 1927 年 10 月井冈山革命根据地的创建至 1931 年中华苏维埃临时中央政府成立为第一阶段。此阶段各根据地的红色政权之间互无隶属关系。第二阶段自 1931 年 11 月中华苏维埃共和国宣告成立到 1934 年 10 月中央红军撤离中央苏区止。第三阶段为 1935 年 1 月遵义会议后中央红军到达陕北根据地至 1937 年 7 月抗日战争全面爆发，中共工农民主政府在陕北成立"西北办事处"，具体领导陕北根据地的政权建设工作。早期的司法建设立法如 1930 年 5 月公布实施的《闽西苏维埃政府裁判条例》（四章）就规定设立闽西裁判委员会和县、区、乡裁判机关。1931 年 10 月鄂豫皖设立边区和县的革命法庭，在区、乡设立裁判委员会，在红军中建立各级军事法庭。红色区域司法机关组织法的渊源主要来自两个方面：一是各级苏维埃组织法，如 1930 年 9 月《修正闽西苏维埃组织法》、1931 年 7 月《鄂豫皖区苏维埃临时组织大纲》以及中华苏维埃临时中央政府成立后于 1931 年颁布的《苏维埃地方政府的暂行组织条例》和 1934 年 2 月 17 日颁布的《中央苏维埃组织法》。二是早期各地工农民主政府以及后来成立的中华苏维埃临时中央政府为适应同反革命活动和其他刑事犯罪活动作斗争的需要，先后颁布了一系列调整司法机关和职权范围的单行法规，如《鄂豫皖区苏维埃政府革命军事法庭暂行条例》（1931 年 9 月 1 日）、《中华苏维埃共和国军事裁判所暂行组织条例》（1932 年 2 月 1 日）、《中华苏维埃共和国裁判部暂行组织及裁判条例》（1932 年 6 月 9 日）、

《对于军事裁判所组织条例的解释和运用》（1932年4月4日）。

此外，中华苏维埃临时中央政府颁布的有关司法程序的法规和中央司法人民委员部发布的命令，也包含有调整司法机关职权及其活动的法律规范。[1] 如中央司法人民委员部发布的《为组织劳动法庭问题》的第九号命令（1933年4月12日）规定在城市裁判科之下，要指定专人组织劳动法庭，专门解决劳动问题方面的案件。1933年4月15日通过的《中华苏维埃共和国中央执行委员会关于肃反委员会决议》也规定凡属新发展的苏区与当地的临时政权，在县区执委会之下组织肃反委员会为临时的肃反机关，兼有司法机关和政治保卫局的责任，有直接逮捕、审讯、判决反革命及一般罪犯，并执行其判决（从处决到释放）之权。肃反委员会成为新区的临时审判机关。1934年2月9日人民委员会颁布了《中华苏维埃共和国临时中央政府人民委员会第五号命令》，规定为了迅速镇压反革命活动，人民委员会特给予国家政治保卫局及其分局在三类条件下有直接拘捕处决反革命之特权，至此，国家政治保卫局由国家保安机关转变为特殊时期的特许审判机关。[2] 此外，政治保卫局中的特派员也逐步获取更大的职权，根据国家政治保卫局、工农红军总政治部和中央革命军事委员会的训令规定："保卫分局及特派员行使职权时，如逮捕、拘留乃至

---

[1] 张希坡、韩延龙：《中国革命法制史》（上），中国社会科学出版社1987年版，第386—387页。

[2] 张希坡：《人民代表大会制度创建史》，中央党史出版社2009年版，第258—259页。

审讯、制裁等问题，同级军政首长应完全尊重分局及特派员的意见。"① 这一时期的人民法院工作在革命军事化的方针指导下，依照苏联式的法院建设形成了苏维埃特有的法院工作体制，而在1933 年之后，法院以完成各种肃反任务为基本工作重心。为了清晰地了解法院与苏区政治保卫局的关系，我们必须清楚苏区国家政治保卫局与肃反扩大化问题的关系。

（三）法政融合：法院与保卫局的界限，1931—1937

苏区国家政治保卫局是指我国第二次国内革命战争时期在各苏维埃革命根据地建立的，也是中国共产党在中国最早建立的具有公安保卫职能的政权机关。② 大部分学者认为，国家政治保卫局是中国土地上出现的第一个代表人民大众利益的警察机关，是新中国公安机关的前身。但是也有学者认为，国家政治保卫局是当时中央苏区的特种部队。③ 国家政治保卫局的设立是基于对敌斗争中"肃反"④ 工作的需要，当时仅靠肃反委员会公开的群众

---

① 张希坡、韩延龙：《中国革命法制史》（上），中国社会科学出版社 1987 年版，第 422 页。

② 本书以下提到的国家政治保卫局，除有特别限定外，均指第二次国内革命战争时期在苏维埃革命根据地的苏维埃政权机构中设立的国家政治保卫局。

③ 剑音：《国家政治保卫局：中央苏区的特种部队》，载《福建党史月刊》2002 年第 3 期。

④ 肃反，通常是指在中国共产党领导的区域内肃清各种反革命活动。自第二次国内革命中建立革命根据地以来，反动势力针对中国共产党领导的区域进行的破坏活动就没有停止过，因此，肃反工作一直是我国革命斗争中存在的一项长期的艰巨工作，这项工作以不同的方式一直持续到中华人民共和国成立后的 1957 年。本书中所称的肃反主要是指第二次国内革命战争期间，在中国共产党领导的各苏维埃革命根据地进行的肃反工作。

性的斗争方式，已经不能很好地完成苏区内部肃清反革命的工作，因此为保证将肃反工作变成经常性的系统工作，在各苏区设立了政治保卫处，并配备一支武装力量——政治保卫队，在此基础上建立了国家政治保卫局。由于当时政治保卫队在执行任务时享有一定的特殊权力，因此，被认为是当时中国共产党领导下的特种部队。

同时，第二次国内革命战争期间曾经出现过肃反扩大化[①]的问题。有学者认为当时存在的肃反委员会和国家政治保卫局是导致肃反扩大化的主要原因，[②]但是也有学者认为纠正肃反扩大化的倾向是国家政治保卫局建立的直接原因之一。[③]我们试图从国家政治保卫局的成因、制度设计及其在当时政权体制中的地位等方面，探究第二次国内革命时期国家政治保卫局与当时肃反扩大化之间是否存在因果关系。

1. 国家政治保卫局产生的原因

国家政治保卫局产生的根本原因在于自 1927 年"四·一二"反革命政变以后，国民党反动派开始对以中国共产党为领导的革命力量进行镇压，中国共产党根据中国革命的实际情况，开始建

---

① 这一时期的肃反扩大化一般是指中央苏区抓"AB 团"的运动和闽西苏区的肃清社会民主党的运动，大体的时间是在 1930 年初至 1931 年底。

② 姬素兰：《对国家政治保卫局肃反扩大化错误的反思》，载《北京警院学报》1996 年第 3 期；路海江：《肃反发生扩大化的另一个原因——兼论鄂豫皖苏区政治保卫局》，载《党史研究与教学》1995 年第 1 期。

③ 李纪松：《"二战"时期国家政治保卫局成立原因初探》，载《中国人民公安大学学报》1990 年第 4 期。

立自己的独立武装和革命根据地。自 1927 年至 1930 年中华苏维埃共和国建立之前，中国共产党在全国先后建立了近 20 个革命根据地。革命根据地的建立更加使以蒋介石为首的国民党反动派感到寝食难安，因此，他们除了采取统一组织，集中武装力量、社会力量、经济力量进攻各革命根据地，展开一次又一次的"围剿"活动以外，还与革命根据地内外的豪绅地主相勾结，组织各种反动组织，采用了所谓的"三分军事，七分政治"的策略，利用非战争手段，以金钱来收买利用革命队伍中动摇异已分子打入红军、政府、地方武装及党和群众组织中，以渗透的方式在革命根据地进行各种破坏活动，使革命根据地受到威胁和破坏。在这种情况下，肃反工作成为各个革命根据地必须经常进行的一项重要工作，而以肃反为核心任务的国家政治保卫局的设立也就成为必然。

国家政治保卫局产生的实质原因是国民党反动派对革命根据地的破坏，这在学界是一个共识，但就国家政治保卫局产生的直接原因，存在着各种不同的说法。大部分学者认为，国家政治保卫局的前身是各革命根据地建立之初在工农民主政权——工农革命委员会下设的"肃反委员会"，以及在中华苏维埃共和国建立前在上海设立的保卫中共中央的"中央特科"。1931 年 11 月，中华苏维埃共和国临时中央政府成立。随着国家政权的建立，苏区保卫工作的重要性也被提升到新的高度。苏区中央局第一次代表大会政治决议案认为，在当时的形势下，"肃反工作要集中到政治保卫局的系统去，对付反革命组织的方法与技术，必须改进"。① 根据这一要求，随着中华苏维埃共和国中央临时政府的成立，国家政治保卫局作为国家政权的组成部分也随之建立起来。但是有些学者认为，纠正肃反扩大化的倾向是国家政治保卫局建立的直接原因之一。中央为了防止肃反扩大化的继续，做出了抓紧系统地建立专门的肃反保卫机关的批示和决定。1931 年初，苏区中央局成立后，即在 3 月 18 日召开的第一次扩大会议上做出决定，建立专门肃反保卫机关——政治保卫处。同年 6 月，中央政治局在给红军及地方党的指示中提出，"一切反革命的侦察，反革命分子的捕获、审问、处理等工作，一概要集中到政治保卫处的系统中去"。随后，一些根据地如闽西、湘赣苏区分别建立起政治保卫分处。政治保卫处是由肃反委员会到国家政治保卫局的过渡机关，它存在的时间不长，但为国家政治保卫局的建立奠定了基础。②

另外，大部分学者都认同国家政治保卫局的建立，与苏联在 1922 年以新成立的国家政治保卫局及其地方机关取代苏维埃政权初期成立的"全俄肃清反革命和怠工特别委员会"（简称"全俄肃反委员会"）有一定的关系。中华苏维埃共和国的国家政治保卫局从名称到其"独立系统""垂直领导"的体制和工作原则，无不是借鉴了苏联国家政治保卫局的模式。

---

① 中央档案馆：《中共中央文件选集》（第七册），中共中央党校出版社 1983 年版，第 186 页。

② 李纪松：《"二战"时期国家政治保卫局成立原因初探》，载《中国人民公安大学学报》1990 年第 4 期。

2. 国家政治保卫局的正式设立

国家政治保卫局的正式设立是在中华苏维埃共和国成立之后。根据 1934 年 2 月 17 日公布的《中华苏维埃共和国中央苏维埃组织法》第 27 条规定，国家政治保卫局是为镇压反革命之目的，在人民委员会之下设置的一个专门机关。

（1）《中华苏维埃共和国中央执行委员会第一号布告》与《中华苏维埃共和国国家政治保卫局组织纲要》的颁布

1931 年 11 月 7 日至 20 日，在中国江西瑞金叶坪村召开了中华苏维埃第一次全国代表大会。大会选举产生了以毛泽东为主席，项英、张国焘为副主席的中央执行委员会，宣告了中华苏维埃共和国的诞生。1931 年 11 月 27 日，中央执行委员会召开第一次全体会议，决定下设人民委员会，由外交、军事、劳动、财政、土地、教育、内务、司法、工农检察等九个人民委员部和国家政治保卫局组成，时称"九部一局"。12 月 1 日，毛泽东、项英、张国焘签署《中华苏维埃共和国中央执行委员会第一号布告》，任命邓发为国家政治保卫局局长，从此国家政治保卫局正式设立。1932 年 1 月 27 日签署《中华苏维埃共和国国家政治保卫局组织纲要》，对国家政治保卫局的性质机构、组织原则等都做了明确的规定。国家政治保卫局的性质是在苏维埃境内依照中华苏维埃共和国宪法之规定，在临时中央政府人民委员会管辖之下，执行侦查、压制和消灭政治上经济上一切反革命的组织活动及侦查盗匪等任务的机构。

该纲要第 3 条规定："国家政治保卫局的任务，是以其集权的系统的组织与革命群众的信赖和帮助，执行抵抗、检举和消灭一切公开与秘密的反革命的组织和行动，以保卫和巩固苏维埃政权。国家政治保卫局下设侦查部、执行部、秘书处、政治保卫大队。"该纲要第12条规定："在侦查部下应有极精密、极复杂的工作网；执行部下应有自己的武装组织。"①国家政治保卫局成立后迅速在各级苏维埃政府和红军中建立了工作网，在各省、中央直属市、县及省直属市和红军中的中央军委会、方面军、军团及军设立分局；在区、县和红军中的师、团及独立营设特派员。

（2）从《国家政治保卫局特派员工作条例》到《西北政治保卫局暂行组织纲要》

1934年4月30日发布的《国家政治保卫局特派员工作条例》规定："特派员是国家政治保卫局系统内的一个活动单位，属于国家政治保卫局的，受国家政治保卫局的指挥，属于省或县及军团、军或军区分局的，受省或县或军团、军或军区分局指挥。""特派员的任务是广泛而严密的，组织政治上坚定地忠实于苏维埃的积极分子，在工作网内成为国家政治保卫局的耳目；同时公开的以便接收广大革命群众或团体对于反革命及违反苏维埃法令分子的告密，发动群众参加肃反斗争。"②1936年2月9日由国家政治保卫局、工农红军总政治部、中央革命军事委员会发布的训令

---

① 韩延龙、常兆儒编《中国新民主主义革命时期根据地法制文献选编》（第三卷），中国社会科学出版社1981年版，第289–293页。

② 韩延龙、常兆儒编《中国新民主主义革命时期根据地法制文献选编》（第三卷），中国社会科学出版社1981年版，第324–325页。

（会字第一号）宣布："国家政治保卫局在红军巩固的保证上是起了它极大的作用，在红军中的特派员是保卫局在红军中活动的一个基本单位，它所担负着的任务是极其重大的。"[①]

1936年7月15日公布的《西北政治保卫局暂行组织纲要》规定："政治保卫局是苏维埃政权与一切反革命斗争的权力机关，在共产党领导下，保卫苏维埃政权，保卫民众利益，进行公开或秘密的同一切军事、政治、经济的反革命斗争，执行侦查、检察、镇压以至消灭一切反革命组织活动及土匪等任务。政治保卫局是国家原告机关。苏区内地的政治保卫局平时只有侦查、检察、逮捕、审讯一切军事、政治、经济反革命犯，向裁判机关控告与提出判决意见的权力，但最后判决之权属于政府之裁判部。在边区地方保卫局及战线上的红军保卫局，为着严厉镇压敌人侦探、法西斯分子及反动阴谋叛变的地方豪绅分子，有权不经过裁判部或法庭采取直接紧急的处置。但处置后须报告国家政治保卫局备案查核。"[②]

抗日民族统一战线初步形成以后，1937年1月，国家政治保卫局的组织形式发生了重大变化，中国共产党领导的革命根据地地区的保卫局一律改为警卫部，区特派员改为警卫科，乡设警卫员。在国民党撤退地区，如有抗日救国政权的形式，也设置警卫

---

① 韩延龙、常兆儒编《中国新民主主义革命时期根据地法制文献选编》（第三卷），中国社会科学出版社1981年版，第328—329页。

② 韩延龙、常兆儒编《中国新民主主义革命时期根据地法制文献选编》（第三卷），中国社会科学出版社1981年版，第346-348页。

部的机构。过去省、县两级的政治保卫队也一律改为警卫队，并根据当地实际情况予以扩大。

3. 国家政治保卫局的制度设计

国家政治保卫局作为中华苏维埃政府中专门镇压反革命活动的特殊机构，其制度上的垂直领导和集权管理，一直是学界所关注的重点。

（1）国家政治保卫局性质和职权

1931 年 12 月 13 日中央执行委员会非常会议通过的《中华苏维埃共和国中央执行委员会训令第六号——处理反革命案件和建立司法机关的暂行程序》第 1 条规定："一切反革命的案件都归国家政治保卫局去侦查、逮捕和预审，国家政治保卫局预审之后，以原告人资格向国家司法机关（法院或裁判部）提起诉讼，由国家司法机关审讯和判决。"[①]

根据《中华苏维埃共和国国家政治保卫局组织纲要》第 8 条规定，"国家政治保卫局及其各分局和特派员是代表政权侦查、接受与处理一切反革命案件的"；第 9 条规定，"一般的对于反革命犯人及其嫌疑犯的拘捕审问权属于政治保卫局"；第 10 条规定，"一般的对于惩罚反革命犯的判决和执行权属于司法机关，政治保卫局则处于检察的原告地位，唯在国内战争及苏维埃运动向外发展时期，在人民委员会许可的范围内，国家政治保卫局有权依据法律判决和执行对于某种反革命犯人的惩罚。"

---

① 韩延龙、常兆儒编《中国新民主主义革命时期根据地法制文献选编》（第三卷），中国社会科学出版社 1981 年版，第 286–289 页。

此外，由于国家政治保卫局存在的时间正是残酷的战争时期，当时敌我之间的斗争相当激烈，因此，在需要的时候，地方政府及红军对于国家政治保卫局及其各分局和特派员应给予武装力量的帮助，且须临时听其指挥。但是这一权力不仅赋予了国家政治保卫局，也赋予了当时的其他司法机构如裁判部，《中华苏维埃共和国裁判部暂行组织及裁判条例》（1932年6月9日中华苏维埃共和国中央执行委员会公布）第8条规定，"裁判部有随时调用赤卫队、警卫排、民警担任司法范围内各种工作之权。"①

国家政治保卫局的上述性质和职权，从其设立至改编之前并没有太多的制度规定上的变化，因此可以说，国家政治保卫局是作为一个管辖特殊案件——反革命案件的侦查和检察机关被设立的。国家政治保卫局的这一职能，与新中国成立后我国司法体制中公安机关和检察机关的职能有着非常大的相似之处。

但是在一些特殊情况下，国家政治保卫局的权限也有一些扩大，如1934年2月9日公布的《中华苏维埃共和国临时中央政府人民委员会命令第五号》就规定，在国内战争的重要关头，为了迅速镇压反革命的活动，人民委员会特给予国家政治保卫局及其分局在一定条件下有直接拘捕处决反革命的特权。这些条件主要在特殊的区域（如边区或作战地区），或针对特定的对象（如在刀匪活动未肃清区域内对所抓获的刀匪首领及地主富农出身坚决反革命的刀匪），或是针对特别案件（如对重大的紧急的反革

① 韩延龙、常兆儒编《中国新民主主义革命时期根据地法制文献选编》（第三卷），中国社会科学出版社1981年版，第306–312页。

命案件采取紧急处置的情况下），国家政治保卫局及其分局才能直接行使拘捕和处决的特权，且在处置后必须呈报国家政治保卫局备案审核。同样这一特权也不仅是授予了国家政治保卫局，随后的 1934 年 4 月 8 日由中华苏维埃共和国中央执行委员会公布的《中华苏维埃共和国司法程序》第 1 条也规定，"区保卫局特派员、区裁判部、区肃反委员会、民警局、劳动法庭均有捉拿反革命及其他应该捉拿的犯人之权，过去关于区不得上级同意不能捉人的规定，应废止之"；并且规定："当紧急时候，乡苏维埃与市区苏维埃，乡革命委员会与市区革命委员会，只要得到当地革命民众的拥护，均有捉拿反革命分子及其他重要犯人的权力，捉拿后分别送交区级肃反裁判机关。"该文件的第 2 条还规定，"区裁判部和区肃反委员会，都有审讯和判决当地一切犯人的权力，并且在新区、边区和反革命特别活动地方，在紧急动员时期，区裁判部和区肃反委员会只要得到了当地革命民众的拥护，可以对反革命及豪绅地主等犯罪者，在一级审判之后直接执行死刑。但执行后，须报告上级处置。"①

（2）国家政治保卫局的组织机构

根据《中华苏维埃共和国国家政治保卫局组织纲要》之规定，国家政治保卫局为中华苏维埃人民共和国国家组织的重要部分，受人民委员会直接指挥，是各级政治保卫局的最高机关。国家政治保卫局的管理机构是委员会，局长即委员会主席，国家政

---

① 韩延龙、常兆儒编《中国新民主主义革命时期根据地法制文献选编》（第三卷），中国社会科学出版社 1981 年版，第 320–322 页。

治保卫局委员任免权属于中央执行委员会及其主席团。① 国家政治保卫局在局长指挥之下，设侦查部、执行部，由局长直接领导侦查部、执行部的工作，两部之间发生双重工作关系，但彼此不相隶属。后期另设由局长直接领导的红军工作部和白区工作部，分别负责红军部队和白区、边区及国民党军队中的工作。② 国家政治保卫局在各省苏维埃政府与中央军委会中有它的代表机关，指挥国家政治保卫局在地方机关与红军中的工作。省及中央直属市、县及省直属市均设分局，区及县直属市设特派员。在红军中，方面军、军团设分局，师团及独立营设特派员及干事。国家政治保卫局及分局也可以在某种机关中直接指派特派员。

在国家政治保卫局的机构设置上，可以看出国家政治保卫局因当时的特定斗争环境和其管辖案件的特殊性采取了与其他政权部门相对分离的组织机构设置。但是考虑到当时的历史情况，在机构管理上也有特别的规定，如在其他苏区未与中央苏区打通以前，国家政治保卫局可以全权委托该苏区政府执行委员会主席团直接管辖该区政治保卫局分局的工作。

（3）国家政治保卫局的领导管理体制

在大多数的文章中，国家政治保卫局的领导管理体制被表述

---

① 韩延龙、常兆儒编《中国新民主主义革命时期根据地法制文献选编》（第三卷），中国社会科学出版社 1981 年版，第 289–293 页。

② 韩延龙、常兆儒编《中国新民主主义革命时期根据地法制文献选编》（第三卷），中国社会科学出版社 1981 年版，第 346–348 页。

为：是完全集权的，工作关系是一贯的垂直领导，下级对上级的命令须绝对服从。国家政治保卫局、分局及特派员的任免处分权均统属于国家政治保卫局。

这种表述虽然概括了国家政治保卫局管理体制的主要特点，但是单纯这样的表述也有某些偏颇。例如，《中华苏维埃共和国国家政治保卫局组织纲要》第 4 条虽然规定国家政治保卫局的组织原则是完全集权的，但是这一规定并不排除相关部门对国家政治保卫局管理工作的参与，因此，该条最后规定，作为国家政治保卫局最高管理机构的委员会中应增加最高法院的检查员一人。

虽然国家政治保卫局的上下级关系是一贯的垂直系统，下级对上级的命令须绝对服从，但同时也规定了各分局、各特派员在政治上是受当地该级政府或红军中军事政治负责者指导的。地方政府及红军指挥机关无权改变或停止国家政治保卫局的命令，如有抗议只能提交人民委员会解决。当保卫局得有反革命充分证据，须拘捕暗藏在政府机关、红军与各革命团体中的负责人的时候，须于执行拘捕前通知该机关的主要负责者，预备替代人员。如果保卫局依据证据认为该机关已无可接受预告的人，则须于执行前通知其上级机关的负责人。1934 年制定的《国家政治保卫局特派员工作条例》更规定，特派员在工作范围内应受同级党、政府、红军部队政委领导。特派员在原则上只向上级保卫局做经常工作报告，但在同级党委员会需要讨论或检查肃反工作时，特派员应负责对于自己所属工作范围内一般肃反问题（如反革命活动情形、群众肃反斗争等）向该委员会做口头报告。①1936年《西北政治保卫局暂行组织纲要》更明确规定："保卫局须接受同级党与政府之指示，但不能停止执行其上级命令，如有争执时，须提到上级党部、政府、保卫局解决。党、团、政府及各革命团体，有义务随时供给保卫局材料，保卫局也应随时将发现的不良分子告知其所属机关。"

可以看出，由于工作的特殊性要求，国家政治保卫局在组织原则上采取了垂直领导，但这种垂直领导并不代表其他政权组织完全无法介入国家政治保卫局系统的管理，无论在地方还是在中央，都要求国家政治保卫局与其他政权机关相互沟通，其他政权机关如果对于国家政治保卫局的决定有任何异议，也都可以通过适当的渠道加以申诉和解决。而国家政治保卫局下属的分局和特派员，更加要尊重地方政权机关对他们的领导。此外，当时实行类似垂直领导的政权机关也不仅限于国家政治保卫局，如根据《中华苏维埃共和国裁判部暂行组织及裁判条例》（1932年6月9日中华苏维埃共和国中央执行委员会公布）第5条规定，下级裁判部直接隶属于上级裁判部，上级裁判部有委任和撤销下级裁判部长及工作人员之权，同时裁判部应受同级政府主席团的指导。②不经上级的同意不许将裁判部的工作人员调换，下级绝对服从上

---

① 韩延龙、常兆儒编《中国新民主主义革命时期根据地法制文献选编》（第三卷），中国社会科学出版社1981年版，第324-325页。

② 韩延龙、常兆儒编《中国新民主主义革命时期根据地法制文献选编》（第三卷），中国社会科学出版社1981年版，第306-312页。

级的命令和指示，接到上级的命令和指示之后，一定要召集裁判
委员会及全体工作人员会议来讨论具体的执行办法，按照上级的
指示彻底地去执行。裁判部有独立解决案件之权。[①]从以上规定
可以看出，对于具有司法性质的政权机构实行垂直领导体制似乎
是当时的一种通常做法。

4. 国家政治保卫局与其他政权机关的关系

（1）国家政治保卫局与肃反委员会的关系

肃反委员会是第二次国内革命战争时期苏维埃政府建立以前
的临时政权机关——革命委员会的下设机构，是当时红色区域人
民司法机关的过渡形式。大部分是在由地方暴动或红军刚占领的
地方（即新区）所建立的临时革命政权——革命委员会中设置肃
反委员会这一专门机构，其主要任务是消灭当地一切反革命武装
力量，镇压已被推翻的剥削阶级的反抗，打击反革命组织和反革
命分子的阴谋破坏活动及其他形式的犯罪活动，以确保临时革命
政权的巩固和发展。[②]

根据国家政治保卫局建立时的规定，国家政治保卫局与新区
的肃反委员会的任务、组织和工作范围均不相同。肃反委员会是
暴动群众选出的在暴动的指挥机关——工农革命委员会的领导之
下工作的肃反机关。肃反委员会可有自己的武装队伍，担任受命

---

① 韩延龙、常兆儒编《中国新民主主义革命时期根据地法制文献选编》（第三
卷），中国社会科学出版社 1981 年版，第 300–305 页。

② 韩延龙、常兆儒编《中国新民主主义革命时期根据地法制文献选编》（第三
卷），中国社会科学出版社 1981 年版，第 326–328 页。

拘捕、看管和处决一切反革命罪犯的任务。肃反委员会存在期间，依当地苏维埃政权建立的时间与巩固的限度而定。同时还规定，新区一般都要经过肃反委员会的工作阶段，在肃反委员会存在的地方，国家政治保卫局应与其发生系统上的管辖关系，且要逐渐将肃反委员会转变成为政治保卫局的下级组织。[1]可见，在相当多的情况下，国家政治保卫局与肃反委员会是并存的。1933年《中华苏维埃共和国中央执行委员会关于肃反委员会决议》指出："近来，考查许多正式政权已经建立了一年以上的乡区，甚至在很老的区，既有裁判部与国家政治保卫局，同时又有肃反委员会。"但是该文件又同时要求，凡属已经建立正式政权（苏维埃）的县、区，必须成立裁判部和国家政治保卫局（区为特派员），执行肃反工作，并处理一般民刑案件，肃反委员会即取消。[2]因此，肃反委员会不应该是国家政治保卫局的前身，而应是在裁判部和国家政治保卫局成立前兼有该两个机关职能的一个临时机构。

但是也有另外一些文件所记载的情况与上述的表述不一样。例如《革命委员会组织纲要》规定，"革命委员会是工农兵代表会议——苏维埃政权没有产生以前工农兵的政权指挥机关"，"革委会是工农兵贫民夺取政权前，指挥暴动的政权机关的组织"。

---

① 韩延龙、常兆儒编《中国新民主主义革命时期根据地法制文献选编》（第三卷），中国社会科学出版社1981年版，第289-293页。

② 韩延龙、常兆儒编《中国新民主主义革命时期根据地法制文献选编》（第三卷），中国社会科学出版社1981年版，第322-323页。

这一规定与肃反委员会所属的革命委员会规定的性质相同，但其中第 10 条规定，"县革委会设组织、宣传、政治保卫、财务四科和秘书处"，[①] 并没有肃反委员会这一机构，相反却设有政治保卫科。由于各革命根据地之间无法及时沟通信息，各革命根据地政权机构的设置也就存在着一定的差异。在第二次国内革命战争期间，一直都有肃反委员会这一机构存在，1936 年西北政治保卫局还印发了《肃反委员会暂行组织条例》。

由于肃反委员会在制度上被认定为是在苏区中的新区、边区等特殊的区域内设立的临时机构，而且这些区域面临更为艰苦的工作环境，因此肃反委员会被赋予了更多的权力。在中华苏维埃共和国成立之初，肃反委员会在取得县或区执行委员会的同意之后，有决定逮捕审讯反革命分子之权。对罪恶昭著的豪绅、地主、富农、资本家，经当地工农群众要求可以迅速执行处决，无须征得省政府许可。[②] 在新区，县肃反委员会的任务是镇压和裁判当地豪绅、地主、富农、资本家及一切反动派的反革命活动与企图，肃清当地反革命势力，以巩固临时政权。它的职权是兼有司法机关和政治保卫局的责任。县肃反委员会在县革命委员会领导之下，有直接逮捕、审讯、判决反革命及一般罪犯并对这些罪犯执行其

---

① 《革命委员会组织纲要》，选自福建省档案馆馆藏史料，转引自厦门大学法律系、福建省档案馆选编《中华苏维埃共和国法律文件选编》，江西人民出版社 1984 年版，第 15 页。

② 韩延龙、常兆儒编《中国新民主主义革命时期根据地法制文献选编》（第三卷），中国社会科学出版社 1981 年版，第 286–289 页。

判决（从处决到释放）之权。①1934年起还赋予了肃反委员会以类似裁判部的捉拿、审讯、判决与执行判决（包括死刑）一切犯人之权。②1936年的《肃反委员会暂行组织条例》规定肃反委员会下设侦察和执行两个组。执行组负责进行预审和执行一切反革命犯事宜。区肃反委员会经县肃反委员会批准或在紧急情形之下有权判决死刑。③

（2）国家政治保卫局与司法机关的关系

国家政治保卫局在制度设计上是作为管辖反革命案件的侦查预审机关和起诉机关，但是学界普遍关注的是国家政治保卫局作为当时的一个特殊的国家政权机关，其是否具有司法审判权。一般认为国家政治保卫局具有最终的司法审判和执行的权力，且它所具有的这种权力没有受到应有的监督和限制，是把国家政治保卫局视为肃反扩大化主要原因的一个证据。

就目前看到的有关国家政治保卫局的制度设计而言，国家政治保卫局在正常状况下是不具有审判权和执行判决的权力的。在整个司法程序中，国家政治保卫局是作为管辖反革命案件的侦查、预审和起诉机关设立的。国家政治保卫分局对一切反革命案件有侦查、逮捕和预审之权。至于依据法律

① 韩延龙、常兆儒编《中国新民主主义革命时期根据地法制文献选编》（第三卷），中国社会科学出版社1981年版，第322–323页。
② 韩延龙、常兆儒编《中国新民主主义革命时期根据地法制文献选编》（第三卷），中国社会科学出版社1981年版，第306–312页。
③ 韩延龙、常兆儒编《中国新民主主义革命时期根据地法制文献选编》（第三卷），中国社会科学出版社1981年版，第326–328页。

判决和执行之权，则一般的属于司法机关，政治保卫局处于检察原告地位。特派员非得上级许可或在反革命分子逃跑或反革命分子已决定暴动等特殊情形时，不得擅自捕人。这些在前文中提到的《中华苏维埃共和国中央执行委员会训令第六号——处理反革命案件和建立司法机关的暂行程序》《中华苏维埃共和国国家政治保卫局组织纲要》《中华苏维埃共和国司法程序》《国家政治保卫局特派员工作条例》以及《西北政治保卫局暂行组织纲要》中都有明确规定。此外，1931年10月4日发布的《鄂豫皖苏维埃政府革命法庭的组织与政治保卫局的关系及其区别》中规定，各级裁判委员会和各级革命法庭若遇有一切政治派别的罪犯，均交保卫局审讯，在保卫局未审以前，各级革命法庭和各级裁判委员会绝对不审。保卫局若有案子与革命法庭有关系，革命法庭得保卫局许可后，可派人参加审讯。保卫局在将案犯证据考查清楚后，须交革命法庭公开判决。法庭审问该案犯，如遇该案犯坚决不承认案情的时候，可转送保卫局复审，或者由保卫局派一人担负公诉员出席法庭当面证明。[1]

在第二次国内革命战争期间，除普通的裁判部外，革命军事法庭也是重要的司法机关之一。同样作为特殊的司法机构，革命军事法庭与政治保卫局之间是有横向的工作关系的，而且同受同

---

① 参见《鄂豫皖区苏维埃政府革命法庭的组织与政治保卫局的关系及其区别》（1931年10月4日），引自韩延龙、常兆儒编《中国新民主主义革命时期根据地法制文献选编》（第三卷），中国社会科学出版社1981年版，第340–343页。

级红军政治委员之领导与指挥。[①]

此外，当时在部分地方的法院或裁判部还设立有检察员，对国家政治保卫局的工作情况进行监督。国家政治保卫局各级机关的行动须受法律的限制，在法律范围内，法院的检察员有检察国家政治保卫局各级机关的案件之权。各级政治保卫局之下，有一委员会组织，负责审查和讨论保卫局工作及其所得材料，委员中应有同级共产党代表及法院或裁判部检察员。同时，国家政治保卫分局局长或特派员应当是同级裁判所裁判委员会的成员。只有在国内战争及苏维埃运动向外发展时期，在委员会许可的范围内，国家政治保卫局有权依据法律判决和执行对某种反革命犯人的惩罚。国家政治保卫局各级机关对某机关或某团体内暗藏的反革命分子执行逮捕以前，必须通知该机关或该团体的主要负责人，如国家政治保卫局认为该机关或该团体的主要负责人不具有接受预告的资格，则须于执行前通知其上级机关的主要负责人。国家政治保卫局的一切行动和法律上的裁判，在临时中央政府最高法院未成立前，由人民委员会直接处理。[②]

从上述规定不难看出，国家政治保卫局在最初的制度设计上，

---

① 参见《鄂豫皖区苏维埃政府革命军事法庭暂行条例》（1931年9月1日），引自韩延龙、常兆儒《中国新民主主义革命时期根据地法制文献选编》（第三卷），中国社会科学出版社1981年版，第338-340页。

② 《中华苏维埃共和国地方苏维埃暂行组织法（草案）》（1933年12月12日），湘赣省苏维埃政府、湘鄂川黔省革命委员会1934年12月26日翻印，见中国现代史资料编辑委员会翻印的《苏维埃中国》，转引自厦门大学法律系、福建省档案馆选编《中华苏维埃共和国法律文件选编》，江西人民出版社1984年版，第68-73页。

主要是一个战争时期为保卫革命根据地，对反革命案件享有侦查、拘捕、预审职权的专门机构，它的职权被明确限制在法律范围之内；如果严格按照上述制度设计，各级国家政治保卫局是没有审判权的，其限制他人人身自由的权力也是受到一定限制的。同时，国家政治保卫局虽然实行垂直领导，但它并不是一个没有任何监督的拥有无限权力的神秘机构，并不完全排除同级党组织和政府对它的指导，而且在政治上，国家政治保卫局的分局或特派员还必须接受同级党组织和政府的指导。从这一意义上说，国家政治保卫局是中华苏维埃政府中的具有现代公安机关和检察机关部分职能的司法机关。

5. 国家政治保卫局与肃反扩大化的关系

（1）肃反扩大化

根据目前查到的有关肃反扩大化的资料，肃反活动被扩大化是有其历史原因的。当时的国民党中央设立了国民党中央组织部调查科，下设情报工作总部，最初以设立在上海的中共中央为主要打击对象，后来发展为凡有中国共产党活动的地区就有该组织的反革命活动。这些国民党情报人员采取伪装渗透、分化争取的反革命策略，在当时收到了一些成效。据一些资料显示，自 1927 年至 1939 年期间，被国民党逮捕的中国共产党党员和主要干部就有两万余人，这还不包括一些同情革命的普通工农群众；而被捕的人士中更有一些是当时中国共产党的重要领导人，如陈独秀、瞿秋白、向忠发、恽代英等。同时，国民党在此期间还组织了五次大规模的对革命根据地的军事围剿进攻。国民党的这些活动给革命根据地的革命活动以及根据地内工农群众的人身和财产安全造成了极大的威胁。因此，大规模的肃反运动是当时保卫革命根据地所采取的一种必要方式。

在革命根据地建立初期，肃反活动不仅是专门的肃反机关的主要工作，也是整个革命根据地全体工农群众的主要任务，任何工农群众和群众组织都可以成为肃反机关，根据其认定的反革命事实拘捕他们认定的反革命分子。在极端的情况下，只要根据群众的要求，不经过任何司法程序就可以直接进行处决，以致暴发了1930年12月的"富田事件"及1931年初的"坑口暴动"。虽然当时已经出现了对肃反扩大化的反对意见，但直至1931年底在瑞金召开苏区党第一次代表大会，以及周恩来接任苏区中央局书记后，才比较彻底地制止了肃反扩大化。

（2）国家政治保卫局的存在是否造成了肃反扩大化

许多人都认为肃反委员会和国家政治保卫局是导致肃反扩大化的主要原因，认为肃反委员会和国家政治保卫局实行垂直领导，下级绝对服从上级命令，不受同级地方党委和政府的管理与监督，是乱搞"逼、供、信"，草菅人命的特权机关。1932年1月7日中央苏区中央局通过的《关于苏区肃反工作决议案》第4条指出："过去肃反工作既发生了严重错误，于是肃反的组织——肃反委员会与地方政治保卫处在一个时期内竟形成了超过党超过政权的独裁机关，如各地肃反委员会一般的都没有集体的领导，同时也很少受政权和党的监督与指导，有些地方政治保卫局（如江西）与上级断了关系后，竟不受当地的党和政权的指导。"这段话通常是确定肃反委员会和国家政治保卫局是肃反扩大化的重要原因的依据之一。① 但是这种观点是有些偏颇的。首先，肃反扩大化开始的时间是 1930 年，而国家政治保卫局作为一个正式的国家政权机关的成立时间是 1931 年底。因此，在时间关系上，国家政治保卫局不可能是肃反扩大化的原因。其次，支持这一观点的文件《关于苏区肃反工作决议案》中所说的地方政治保卫处只是国家政治保卫局的前身，而非国家政治保卫局下属的机构，因此，这一文件也不能支持国家政治保卫局是肃反扩大化重要原因的结论。所以，认为国家政治保卫局是导致肃反扩大化的主要原因之一的说法，与当时的历史事实是有一定的差距的。

（3）国家政治保卫局是否纠正了肃反扩大化

也有学者认为纠正肃反扩大化的倾向是国家政治保卫局建立的直接原因之一，② 认为在苏区中央局成立以前普遍存在着"肃反中心论"问题，对所占领的地区实行红色恐怖，造成了"党及青年团工会组织甚至于医院以及一切群众团体都可以自由的去打AB团"，造成了一些冤假错案，③ 因此，根据反革命斗争的需要，在中华苏维埃共和国中央工农民主政府建立以后，就建立了专门

① 路海江：《肃反发生扩大化的另一个原因——兼论鄂豫皖苏区政治保卫局》，载《党史研究与教学》1995 年第 1 期。
② 李纪松：《"二战"时期国家政治保卫局成立原因初探》，载《中国人民公安大学学报》1990 年第 4 期。
③ 参见《关于苏区肃反工作决议案》（1932 年 1 月 7 日中央苏区中央局通过），引自郭华伦：《中共史论》（第二册），台湾"国立"政治大学国际关系研究中心东亚研究所 1978 年第 3 版，第 284–288 页。

的肃反机关——国家政治保卫局。这种观点的主要依据是 1931 年 12 月 13 日中华苏维埃共和国中央执行委员会非常会议通过的关于处理反革命案件和建立司法机关的暂行程序的训令，其中提出："临时中央政府严重的告诉各地各级苏维埃政府，各地过去的肃反工作，有许多地方是做得不对的，例如听到某个或某几个反革命分子的口供，没有充分的证据未经过侦查的工作就进行捉人，审问的时候采用肉刑、屈打成招的事时常发现，处置犯人的时候不分阶级成分，不分首要和附和，以致应当轻办的，却把他重办了（如不释放附和的工农分子）。……自从做出了这些错误之后，使得好些地方的工农群众对于苏维埃政府的肃反工作发生怀疑，革命群众的权利，在苏维埃政府下不能得到完全的保障，苏维埃下面未能建立很好的革命秩序，同时对于苏区的反革命组织和活动也未能作彻底的肃清，这都是非常之不对的。"[1] 基于上述情况，临时中央政府决定对司法程序做出暂行规定：一切反革命的案件，都归国家政治保卫局去侦查逮捕和预审，国家政治保卫局预审之后，以原告人资格，向国家司法机关（法院或裁判部）提起诉讼，由国家司法机关审讯和判决。县一级司法机关没有判决死刑的权力。设有国家政治保卫局机关的地方，当地苏维埃政府须将反革命的材料报告当地的国家政治保卫局机关，不得擅自逮捕或审讯。只设有肃反委员会未设国家政治保卫局机构的地方，如果建立政权已有 6 个月的历史，发现反革命的材料必须得到国

---

① 韩延龙、常兆儒编《中国新民主主义革命时期根据地法制文献选编》（第三卷），中国社会科学出版社 1981 年版，第 286–289 页。

家政治保卫局省分局的同意后，方可逮捕。在新发展区域，即在革命政府的建立尚未满 6 个月的地方，县肃反机关及特别指定的区肃反机关在取得县或区执行委员会的同意后，有决定逮捕审讯反革命分子的权力，审讯后应移交给同级政府的司法机关，作最后的审讯判决。在暴动初起时，革命政权机关尚未建立的时候，当地革命群众有直接逮捕和处决豪绅地主及一切反革命分子的权力，但革命政府一经建立就必须按程序办理。

根据上述文件我们不难看出，对一些地区肃反扩大化的制止是在国家政治保卫局设立完成之后，也就是说国家政治保卫局的设立与制止肃反扩大化并没有直接的关系，只是基于国家政治保卫局设立之后，它应有职权的发挥在客观上限制了肃反的进一步扩大。同时，我们也应该注意到，国家政治保卫局的首任局长邓发就是闽西苏区肃反扩大化的主要责任人之一，如果国家政治保卫局的设立是为了纠正肃反扩大化，那么由邓发担任实行垂直领导的国家政治保卫局最高领导人显然是不可能的。

（4）集中垂直领导体制是不是导致肃反扩大化的原因

国家政治保卫局实行集中垂直领导一直是各方面强烈批评这一机构在制度设计上导致肃反扩大化的一个重要根据。然而，国家政治保卫局在制度设计上并不是一个完全集中垂直领导、其他任何部门都不能对其进行约束和监督的纯粹的独立体系。首先，国家政治保卫局是中华苏维埃人民共和国国家组织的一个重要部分，受人民委员会的直接指挥，其最高权力机构——委员会成员的任免权属于中央执行委员会及其主席团。其次，虽然国家政治保卫分局局长、委员及特派员对上级的命令需要绝对服从，而且其任免处分权统属于国家政治保卫局，但各地的国家政治保卫局的分局长和特派员在政治上还是受当地该级政府或红军中军事政治负责者指导的，军队中的国家政治保卫局的分局长和特派员更要接受同级政治委员的指挥。再次，当时的司法机关——裁判所或法院的检查员不仅是国家政治保卫局管理机构——委员会的必须成员，而且对于国家政治保卫局办理的案件还有一定的审查监督权。最后，国家政治保卫局在正常情况下是没有审判权的，其办理的案件最终要交给法院或裁判所进行审判，裁判所和法院的审判在体制上也是对国家政治保卫局工作的一种监督和管理。因此，国家政治保卫局的管理体制并不是通常所说的绝对集中垂直领导，而是根据其职责的特殊性制定的一个具有相对独立性的系统领导关系。这种特殊的系统领导关系不仅被国家政治保卫局采取了，同样作为司法机关的裁判所和法院也采取了。

综上所述，我们认为，国家政治保卫局在制度设计上是根据当时革命根据地实际情况的需要，针对反革命活动的猖獗而建立的一个专门的具有司法性质的政权机关。如果按照当时的制度设计，国家政治保卫局不仅不会促进肃反的扩大化，而且在某种程度上还可以限制肃反的扩大化。由于国家政治保卫局的建立晚于肃反扩大化发生的时间，同时又早于对肃反扩大化的全面纠正，因此，认为国家政治保卫局的建立是基于对肃反扩大化纠正的要求，或认为国家政治保卫局是导致肃反扩大化的重要原因都只是个别革命根据地的情况，也许并不具有普遍的意义。

　　国家政治保卫局自 1931 年底成立，至 1937 年初被逐步改制的期间，作为中华苏维埃共和国一个重要的管辖反革命案件的具有司法性质的政权机关，在保卫革命根据地的安全、保护革命根据地内广大人民群众的利益方面，发挥了重要的作用。国家政治保卫局这一机构在制度设计上，更是为中华人民共和国成立后公安保卫机关的设立提供了宝贵的经验。

后　记

本书为 2012 年中国法学会董必武法学思想研究会特别委托项目《中央苏区的法制背景与法学研究》（批准号：36612109）、2015 年度华南理工大学中央高校基本科研业务费面上项目《中国立法传统的谦抑性研究》（批准号：x2fxD2152900）以及 2014 年华南理工大学本科教研教改青年专项《基于复合型知识结构的＜中国法制史＞教学改革研究》（批准号：2014JY2314）共同资助的研究成果。

研究《中央苏区的法制背景与法学研究》，虽然选题新颖，但难度较大。我们主要集中于勾勒中央苏区的法制路线和观念图谱，因此，最终成果题目定为《中国法制的早期实践：1927—1937》。从书名就可以看到，我们希望从法制的制定前后来反观各种观念和思想的交锋，进一步探讨在思维交锋中是如何沉淀出各种关于革命时期法制的智慧和理念的。不过，我们在研究中央苏区的法学或法制时，应当注意一个基本前提：当时的政治思想或者说党政思想统领一切，已经基本消解了法学思想。也即，法学思想或者法学研究的发生在当时完全被党内最高指示所覆盖。党政思想直指立法司法实践，中间几乎没有经历过转化或者内化为纯粹的法学思想的过程。法制作为当时中共革命政权建设的重要一环，当然是自觉的。但属于当代意义上的法学研究则很可能是不自觉的。虽然当时有董必武式的中央苏区革命法学家，但他们对法学研究的具体贡献很难清晰界定。因此，需要将有关法学的片言只语从政治统治和意识形态的宣传中不断剥离出来，人为地揭示政治形态下的法学问题专门化讨论的意识和行动。总之，需要纯化各种与法学有关的问题。

"星星之火，可以燎原。"正是由于尚属于"星星之火"的关于法制的一些初步意见和讨论构成了当时对法学的初步认知与实践。我们不期望发现革命政权初期有系统性的法学研究，但是我们可以发现蛛丝马迹，顺藤摸瓜，可能会构建出类似于法学研究的早期观念与实践叙事。因此，在研究方法上，我们应该坚持结构意义上的和功能意义上的视角。

立法的谦抑性指的是立法的克制或节制。传统立法的谦抑性出于对法治理念的无知所致，革命立法的谦抑性则大多基于当时革命环境和政党政治需要，二者具有本质的区别，但正是因为政党政治的原因，在革命根据地的法制建设过程中很难具体界定政治和法律思想和实践之间的界限，这也是研究中央苏区法制建设的难点所在。

知难而进是研究的乐趣，虽不能至，心向往之。本书按照中央苏区法制研究综述、法制研究背景、民主政权建设经验、立法体系及内容、以土地和刑罚为代表的部门法制变革、法制关键人物及法院工作几个核心问题展开，尽可能立足中央苏区，时间上大体集中于1927年至1937年十年间的中共革命法制。各章具体的写作分工如下：

第一章，韩伟（男，陕西省社会科学院政治与法律研究所助理研究员，法学博士），沈玮玮（男，华南理工大学法学院讲师，法学博士）；

第二章，沈玮玮、韩伟、叶开强（男，华南理工大学法学院博士研究生）；

第三章，沈玮玮、叶开强、韩伟；

第四章，沈玮玮、叶开强；

第五章，陈和平（男，南昌大学法学院讲师，法学博士）、韩伟、陆侃怡（女，北京工商大学法学院讲师，法学博士后）、叶开强；

第六章，沈玮玮、叶开强、韩伟、曲词（女，中国人民大学商学院博士后，法学博士）。

本书在写作过程中受到了诸多学界前辈和学友研究成果的极大启发，没有前人的研究，我们的写作无从开始。全书写作原则和大纲的拟定得到了中国人民大学法学院赵晓耕教授的悉心指导，再次表达最崇高的谢意。中国政法大学法学院沈厚铎教授在项目的推进过程中也不断给予我们学界后辈大力支持，同样值得我们衷心致谢。华南理工大学法学院张洪林教授为我们的研究创造了良好的环境，提供了诸多研究保障，是研究成果问世的重要见证者，我们将不负所望，一如既往地扎根在这片学术热土上，

后 记

继续孜孜以求。书中的部分章节曾以不同形式发表在各类期刊上，在此对相关期刊及编辑朋友致以最诚挚的谢意。中国出版集团下属成员单位世界图书出版广东有限公司的李茜、陈露等相关编辑为本书的顺利出版所付出的辛劳同样值得我们铭记于心。

本书虽已付梓出版，但仍存在方方面面的不足，文责自负，敬请学界批评指正。

沈玮玮

丙申年庚寅月于羊城华园法学楼 601